Königs Erläuterungen und Materialien
Band 109

Erläuterungen zu George Orwell

Farm der Tiere

(Animal Farm)

von Edgar Neis

C. Bange Verlag - Hollfeld/Obfr.

Herausgegeben von Klaus Bahners, Gerd Eversberg und
Reiner Poppe

3. Auflage 1984
ISBN 3-8044-0228-3

Druck: Heinz Neubert GmbH, Schloßberglein 2, 8580 Bayreuth

INHALT

I. **George Orwell: Leben und Werk** 5

II. **Inhaltsangaben der einzelnen Kapitel** 8

III. **Charakteristik der Akteure**
Napoleon 27
Schneeball 29
Quiekschnauz 30
Boxer 32
Clover 33
Benjamin 34
Mollie 35
Moses 37
Mr. Jones 39

IV. **Historische und politische Bezüge** 42

V. **Materialen**
Vergleichstexte:
War das Leben vor der Revolution
besser oder schlechter? 51
Die Befreiung aus der Knechtschaft 56
Schuldbekenntnisse und Säuberungsaktionen 62
Die Methoden der Partei 65
Frei von Hunger und Peitsche? 68

Aufsätze zum Verständnis der Problematik
George Orwell —
Fürsprecher der Unterdrückten 74
Absolute Voraussetzungen des Kommunismus 75
Was ist links? 75
Die Gefahren der Diktatur 80
Druck aus Angst vor dem eigenen Volk 84

VI. **Arbeitsvorschläge** 85

Literaturhinweise 88

I. GEORGE ORWELL: LEBEN UND WERK

George Orwell, dessen Name eigentlich Eric Arthur Blair lautet, wurde am 23. Januar 1903 in Mot hari/Bengalen geboren. Sein Vater war Beamter bei der englischen Zoll- und Steuerbehörde in Indien. Nachdem die Familie Blair nach England zurückgekehrt war, besuchte George Orwell die angesehene Preparatory School in Crossgates an der englischen Südküste und erhielt kurz darauf ein Stipendium für den Besuch des renomierten Eton College bei Windsor. Dort verbrachte er die Jahre 1917 — 1921. 1922 zog es ihn wieder in den Fernen Osten; er fand eine Anstellung bei der Indian Imperial Police in Burma. Die Erfahrungen dieses Aufenthaltes, der von 1922 — 1927 dauerte, legte er in seinem Buch „Burmese Days" nieder. Der Dienst in der Truppe befriedigte ihn jedoch nicht, und so kehrte er 1928 wieder nach Europa zurück. Da er jedoch keine finanziellen Mittel zur Verfügung hatte, mußte er sich in bitterer Armut mühselig als Tellerwäscher zunächst in Paris und dann in England als Hilfslehrer in verschiedenen Stellungen durchschlagen. Zeitweise arbeitete er auch als Aushilfskraft in einem Londoner Buchladen, als Hopfenpflücker in Kent, schlief in Nachtasylen oder kroch bei Freunden unter, die ihn mit dem Nötigsten versorgten und über Wasser hielten.
Das Resümee dieser Hunger- und Elendsjahre faßte er in dem Band „Down and Out in Paris and London" zusammen, der 1933 erschien und einen gewissen Erfolg als das Tagebuch eines Tramps erzielte. Nach der Veröffentlichung zweier weiterer Bände (1935: „A Clergyman's Daughter"; 1936: „Keep the Aspidistra Flying") entschloß sich Orwell, als freier Schriftsteller zu leben; da sein Einkommen als ein solcher jedoch kaum drei Pfund in der Woche betrug und er zudem 1936 noch ein junges Mädchen, Eileen O'Shaugnessy, heiratete, war er gezwungen, eine Hühnerfarm und einen Dorfladen in Essex zu betreiben.
Seine Mittellosigkeit trieb ihn in die Arme der Sozialisten; 1937 veröffentlichte ein linksgerichteter Buchklub sein Buch „A Road to Wigan Pier", welches das Leben in den Industriebezirken Nordeng-

lands, speziell das der arbeitslosen Bergwerksarbeiter schilderte. Kurz darauf nahm Orwell am Spanischen Bürgerkrieg teil und kämpfte auf Seiten der Republikaner gegen Franco. Er wurde verwundet, kehrte nach Hause zurück und schrieb „Homage to Catalonia“ (1938), einen Bericht über seine Erlebnisse in Spanien. Kurz vor Ausbruch des Zweiten Weltkrieges erschien sein Roman „Coming up for Air“, die Geschichte eines Versicherungsagenten, der danach strebt, geschäftlich erfolgreich zu sein, in einer Wette Geld gewinnt, dieses vor seiner Frau verbirgt, was zu Ehezerwürfnissen führt. Während des Zweiten Weltkrieges war Orwell als Ansager und Sprecher bei der BBC tätig. 1945 verstarb Orwells Frau nach einer Operation. Im gleichen Jahr kam sein Buch „Animal Farm“ heraus, das zu einem Welterfolg wurde. Zunächst stellten sich allerdings der Veröffentlichung Schwierigkeiten entgegen: Sowjet-Rußland war noch mit England im Krieg gegen Deutschland verbündet; das Buch war eine Satire auf die Ereignisse der russischen Revolution und die kommunistische Diktatur im allgemeinen; es drohte die britisch-russischen Beziehungen zu belasten, aber die Verleger nahmen das Risiko auf sich, und sie hatten Glück.
Der Erfolg des Buches enthob Orwell schlagartig aller materieller Sorgen; er konnte sich nun voll und ganz der Schriftstellerei widmen. Er schrieb zahlreiche Essays und Beiträge für Zeitungen und Zeitschriften. Seine satirische Einstellung veranlaßte ihn dazu, oft Kritik an Einrichtungen zu üben, die er für falsch hielt. Vor allem trat er für die Idee der menschlichen Freiheit ein und bekämpfte leidenschaftlich jede Form der Unterdrückung und Bevormundung, der Reglementierung durch den Staat oder durch vorgesetzte Behörden.
1949 ließ er gleichzeitig in England und in den Vereinigten Staaten sein letztes großes Buch unter dem Titel „Neunzehnhundertvierundachtzig“ erscheinen. Es bietet dem Leser ein niederdrückendes Bild einer totalen Diktatur, die das Leben des einzelnen bis in die privateste Sphäre hinein kontrolliert; unter der absoluten Oberhoheit eines totalitären Machtstaates haben die Bürger jede Hoffnung auf Freizügigkeit, auf freie geistige Entfaltungsmöglichkeit, jede Art von Individualität verloren. In diesem Buch schuf Orwell

den Begriff des „Großen Bruders", der alle und alles überwacht und jeden Keim der Freiheit erstickt. Orwell hatte nur noch ein knappes Jahr zu leben. Er kannte seinen Gesundheitszustand und wußte, daß er bald sterben würde. Nichtsdestoweniger heiratete er noch kurz vor seinem Ende seine zweite Frau Sonja, die für die Zeitschrift „Horizon" arbeitete, in der viele seiner Essays erschienen waren. Er starb am 21. Januar 1950 im Alter von nur 46 Jahren.
Mit seinem Buch „Animal Farm" („Farm der Tiere") wollte Orwell sowohl die russische Revolution des Jahres 1917 als auch die spätere Diktatur Stalins an den Pranger stellen. Er wollte zeigen, daß Ideen und Maßnahmen, die mit großen Hoffnungen und hohem Idealismus in Gang gesetzt wurden, allmählich entarteten, erstarrten und aus einem ursprünglichen Freiheitsstreben in eine selbstgefällige und brutale Tyrannei einmündeten. Darüber hinaus ist das Buch eine Kritik an allen linksgerichteten Idelologien schlechthin, soweit sie die persönliche Freiheit des Menschen einengen und vergewaltigen. Das Buch, das Orwell eine Fabel nennt, enthält seine politischen und sozialen Ansichten und beklagt die Unfähigkeit der Menschen, sich gegenüber staatlicher Bevormundung und tyrannischer Vergewaltigung durchzusetzen und sich die menschlichen Freiheitsrechte zu erkämpfen. Denn Orwells Tiere sind Menschen in Verkleidung; nur um der satirischen Wirkung willen wählte der Autor Tiere als handelnde und leidende Darsteller der Fabel. So ist der Leser gezwungen, hinter der Fabel nach dem Sinn der Symbole, dem Kern der allegorischen Aussage und der Meinung des Autors zu suchen. Hierin ist unter anderem der weltweite Erfolg des Buches zu sehen; nur in den kommunistischen Ländern, die sich getroffen fühlen, versuchte und versucht man es verständlicherweise zu unterdrücken.

II. INHALTSANGABEN DER EINZELNEN KAPITEL

Erstes Kapitel

Während Mr. Jones, der trunkene Besitzer der Herrenfarm, sich seiner Nachtruhe hingibt, versammeln sich die Tiere seiner Farm in der großen Scheune, um eine Ansprache Old Majors, des alten Ebers, anzuhören. Nach und nach erscheinen sie zu der angestrebten Versammlung:

„Zuerst kamen die drei Hunde, Glockenblume, Jessie und Schnapper, und dann die Schweine, die sich im Stroh unmittelbar vor der Estrade niederließen. Die Hühner hißten sich auf die Fenstersimse, die Tauben flatterten auf die Dachsparren, die Schafe und Kühe lagerten sich hinter den Schweinen und begannen, ihr Futter wiederzukäuen. Die beiden Wagenpferde, Boxer und Clover, kamen miteinander, sie schritten sehr langsam und setzten ihre starken, buschigen Hufe behutsam auf, denn es mochten ja irgendwelche kleinen Tiere im Stroh verborgen sein.
Hinter den Pferden kamen Muriel, die weiße Ziege, und Benjamin, der Esel. Kaum hatten die beiden Pferde sich niedergelegt, als eine Schar kleiner Enten, die ihre Mutter verloren hatten, hereingewatschelt kam, leise schnatterte und links und rechts nach einem Platz ausguckte, wo sie nicht getreten werden konnten. Clover machte mit ihrem langen Vorderbein eine Art Mauer um sie, darin kauerten die Entlein sich zusammen und schliefen sogleich ein. Im letzen Augenblick kam Molly, eine törichte, aber reizende weiße Stute, die Mr. Jones' hochrädriges Wägelchen zog, zuckerkauend hereingetänzelt. Sie wählte ihren Platz sehr weit vorn und begann kokett ihre weiße Mähne zu schütteln, die mit roten Bändern durchflochten war. Zuallerletzt erschien die Katze, die sich, wie gewöhnlich, nach dem wärmsten Platz umsah und schließlich zwischen Boxer und Clover einrollte; hier schnurrte sie behaglich während der Rede Old Majors und hörte kein Wort von dem, was er sagte.

Nun waren alle Tiere da bis auf Moses, den zahmen Raben, der auf einer Stange vor der Hintertüre schlief.“ (S. 6-8).
Old Major spricht zunächst von seinem bevorstehenden Tod, dann von der Ordnung der Natur, der alle unterliegen und die es verbiete, daß die Tiere Sklaven der Menschen seien. Denn so wie es jetzt sei, sei das Leben der Tiere Sklaverei: „Wir werden geboren, wir bekommen genausoviel Futter, als es braucht, um den Atem in unseren Leibern lebendig zu halten, und wer von uns dazu geeignet ist, wird gezwungen, bis zum letzten Atom seiner Kraft zu schuften. Und im selben Augenblick, da es mit unserer Nützlichkeit aus ist, werden wir auf scheußlich grausame Art geschlachtet. Kein Tier, wenn es einmal ein Jahr alt geworden ist, weiß, was Glück und Muße bedeuten. Kein Tier ist frei. Das Leben eines Tieres ist Elend und Sklaverei: das ist die simple Wahrheit“ (S. 9).
Aus diesem Grund bezeichnet er, Old Major, den Menschen als den einzigen Feind der Tiere, weil er alles, war sie erarbeiten, ihnen wieder wegnehme und für sich verbrauche. Deswegen fordere er die Tiere auf, sich des Menschen zu entledigen und das Produkt der tierischen Arbeit als selbsterworbenes Eigentum zu betrachten. Über Nacht könnten sie alle frei und reich werden, wenn sie die Tyrannei der Menschen beseitigten. Daher proklamiere er die Revolution, den Kampf gegen die Unterdrückung, die Vergewaltigung, die Freiheitsberaubung, gegen den Menschen schlechthin. „Denn alle Menschen sind Feinde. Alle Tiere sind Kameraden“ (S. 12).
Old Major beschließt seine Rede mit den Worten: „Denkt stets an eure Pflicht, dem Menschen und allem, was er tut, feindlich gesinnt zu bleiben. Wer auf zwei Beinen geht, ist ein Feind. Wer auf vier Beinen geht oder Flügel hat, ist ein Freund. Und denkt auch daran, daß wir im Kampfe gegen den Menschen niemals so weit kommen dürfen, ihm zu gleichen. Selbst wenn ihr ihn besiegt habt, dürft ihr seine Laster nicht übernehmen. Kein Tier darf je in einem Hause wohnen, oder in einem Bett schlafen, oder Kleider tragen, oder Alkohol trinken, oder Tabak rauchen, oder Geld anrühren, oder Geschäfte machen. Alle Gebräuche des Menschen sind von Übel. Und, vor allem, kein Tier darf jemals seine eigene Art tyrannisieren.

Kein Tier darf ein anderes Tier töten. Wir sind alle Brüder. Alle Tiere sind gleich" (S. 13-14).
Dann berichtet Old Major noch von dem Traum seiner letzten Nacht. Es war ein Traum von der Erde, wie sie sein wird, wenn der Mensch verschwunden ist. In diesem Traum kam ihm auch ein Lied seiner Kinderzeit wieder in Erinnerung, ein Lied, das von nun an zur „Nationalhymne" der Tiere erhoben wird. „Die Kühe muhten es, die Hunde heulten es, die Schafe blökten es, die Pferde wieherten es, die Enten schnatterten es. Sie waren so hingerissen von dem Lied, daß sie es gleich fünfmal hintereinander sangen" (S. 16).
Die ersten fünf Strophen des siebenstrophigen Liedes lauten:

Tiere von England, Tiere von Irland,
Tiere zu Lande, im Meer, in der Luft,
Horchet auf meine frohe Verheißung
Goldener Zukunft, die euer ruft.

Früh oder spät, es naht sich die Stunde,
Da der tyrannische Mensch besiegt
Und das grüne Gefilde Englands
Offen zu unseren Hufen liegt.

Ringe verschwinden aus unseren Nasen,
Keines wird mehr an die Deichsel geschnallt,
Sporen und Bügel mögen verrosten,
Nimmer die grausame Peitsche knallt.

Reichtümer, größer als Träume spiegeln,
Weizen und Roggen und Hafer und Heu,
Bohnen und Klee und Mangoldwurzeln,
Unser sind sie, sobald wir frei.

Lichter schimmern die furchtbaren Felder,
Reiner sprudelt der Bach im Hag,
Süßer und sanfter wehen die Winde,
Bricht er heran, unser großer Tag.

Die Versammlung der Tiere löst sich plötzlich auf, als Mr. Jones erwacht und dem ihn störenden Lärm mit einem Schuß aus seiner Schrotflinte ein Ende setzt.

Zweites Kapitel

Drei Nächte später stirbt Old Major. In geheimer Geschäftigkeit bereiten nun die Tiere der Herrenfarm die von ihm propagierte Revolution vor. Die Organisation übernehmen die Schweine, weil sie als die klügsten Tiere angesehen werden.
Unter ihnen ragen besonders zwei junge Eber hervor: Napoleon, ein massiger, wildblickender und sehr energischer Eber, und Schneeball, der sehr erfindungsreich ist, aber keinen guten Charakter hat. Ferner Quiekschnauz, ein kleines, fettes Schwein, das sich als guter Redner hervortut. Diese drei arbeiten Old Majors Lehre zu einem Denksystem aus, dem sie den Namen „Animalismus" geben. Dieses Denksystem versuchen sie allen Tieren auseinanderzusetzen, stoßen dabei aber zunächst auf Unverstand und Dummheit und sind besonders verärgert, wenn die hohen Prinzipien des Animalismus durch alberne und primitive Fragen etwa von Mollie, der weißen Stute, bagatellisiert oder durch die Lügen, die Moses, der zahme Rabe, verbreitet, entstellt werden.
Schneller, als man denkt, gelingt die erhoffte Revolution. Eines Tages im Juni stürzen sich die Tiere auf ihre Peiniger und vertreiben Mr. Jones und seine vier Knechte. Die Herrenfarm gehört nun den Tieren.
Zerstörung und Vernichtung aller Instrumente und Geräte, die zur Unterwerfung und „Versklavung" der Tiere dienten, sind der erste Schritt auf dem Wege zur Freiheit.
Dann bricht Begeisterung aus, weil alles nun Eigentum der Tiere ist. Als erste Maßnahme erfolgt eine Namensänderung: der Name „Herrenfarm" wird ausgetilgt; an seine Stelle wird der Name „Farm der Tiere" gesetzt. Mr. Jones' Haus soll als Museum erhalten bleiben; kein Tier darf jemals darin wohnen. Die Grundsätze des Animalismus werden in sieben Gebote zusammengefaßt und mit großen Buchstaben an eine Wand geschrieben. Sie lauten:

DIE SIEBEN GEBOTE

1. Wer auch immer auf zwei Beinen geht, ist ein Feind.
2. Wer auch immer auf vier Beinen geht oder Flügel hat, ist ein Freund.
3. Kein Tier soll Kleider tragen.
4. Kein Tier soll in einem Bett schlafen.
5. Kein Tier soll Alkohol trinken.
6. Kein Tier soll ein anderes Tier töten.
7. Alle Tiere sind gleich.

Arbeit ist nun Ehrensache, denn man arbeitet jetzt nicht mehr für einen fremden Herren, sondern für sich selber, für den Animalismus. Die Schweine melken die Kühe und füllen fünf Eimer mit schäumender, sahniger Milch, die Napoleon streng bewacht; die anderen Tiere führt Schneeball an, um die Ernte einzubringen. Als sie abends müde von der Erntearbeit zurückkehren, ist die Milch verschwunden.

Drittes Kapitel

In einer kürzeren Zeit als unter der Menschenherrschaft wird die Ernte eingebracht; der Ertrag ist größer als er je zuvor gewesen war. Als besonders intelligenter und kräftiger Arbeiter erweist sich Boxer, das mächtige Wagenpferd, das von jedem bewundert wird und als „Held der Arbeit“ gilt. Alle anderen arbeiten ihren Fähigkeiten entsprechend; es gibt keine Klagen mehr, keine Drückebergerei, keine Streitigkeiten. Der Sonntag ist arbeitsfrei; dafür wird die neu geschaffene Flagge gehißt, ein grünes Tuch, das in der Mitte die Symbole der Arbeit, Huf und Horn, zeigt. Nach der Flaggenhissung werden Anträge eingebracht und diskutiert; die Anträge stellen die Schweine, die anderen Tiere haben nur zuzustimmen. Abschließend wird die Hymne „Tiere von England“ gemeinsam gesungen.

Später werden Ausschüsse gebildet, denen besondere Aufgaben zugewiesen werden; die Schulbildung wird gefördert; alle Tiere sollen lesen und schreiben lernen, aber nur wenigen gelingt es.
Da es auch vielen Tieren nicht gelingt, die sieben Gebote auswendig zu lernen, werden sie von Schneeball in einen einzigen Grundsatz zusammengefaßt: „Vierbeiner gut, Zweibeiner schlecht.“ Das sei, sagt er, das wesentliche Prinzip des Animalismus. Die Einwände der Vögel gegen diese Simplifizierung werden mit der Feststellung abgetan, Vogelflügel seien Organe der Fortbewegung, nicht der Handhabung und müssen deshalb als Beine angesehen werden. Nur der Mensch habe eine Hand, mit der er alles Böse tut.
Milch und Obst werden nun für die Schweine reserviert, weil — so wird erklärt — Geistesarbeiter besonders gute Nahrung brauchen und weil es wichtig ist, die Schweine bei guter Gesundheit zu erhalten; denn sie seien die Garanten dafür, daß Mr. Jones nicht zurückkehren würde. Und das sei doch schließlich der Wunsch aller Tiere.

Viertes Kapitel

Allmählich greifen die revolutionären Tendenzen von der Farm der Tiere auf Nachbarfarmen über. Ein Versuch von Mr. Jones und einiger anderer Farmer, die Farm der Tiere wiederzuerobern, schlägt fehl. Schneeball und Boxer, die sich im Abwehrkampf gegen die feindlichen Elemente besonders hervortun, werden mit der Tapferkeitsmedaille „Tierheld erster Klasse“ ausgezeichnet, die Schlacht, in der der Feind geschlagen wird, wird als großer Sieg gefeiert und erhält den Namen „Schlacht vom Kuhstall“, weil der Kampf im Kuhstall entschieden wurde. Mit dem Gewehr von Mr. Jones, das man im Schlamm gefunden hat, wird Salut geschossen, und es wird beschlossen, dies zweimal im Jahr zu tun — einmal am 12. Oktober, dem Jahrestag der Schlacht vom Kuhstall, und einmal am Johannistag, dem Gedenktag der glorreichen Revolution.

Fünftes Kapitel

Während des nächsten Winters verschwindet Mollie, die eitle Stute. Nachdem man sie einmal schön aufgeputzt in der Nachbarschaft gesehen hat, wird ihr Name nicht mehr erwähnt.
In zahlreichen Versammlungen wird ein Arbeitsplan aufgestellt, in dem das zu leistende Soll für die nächste Saison festgelegt wird. Schneeballs Vorschlag, ein Windrad zu bauen, das einen Dynamo betreiben soll, der die ganze Farm mit elektrischer Kraft zu versorgen hat, wird von Napoleon verworfen. Die Tiere der Farm spalten sich in zwei Gruppen: die eine tritt für Schneeballs Projekt ein, die andere für Napoleon, der eine Steigerung der Futterproduktion erreichen will. Als während einer Versammlung Schneeball mit hinreißender Beredsamkeit die Tiere auf seine Seite zu ziehen scheint, läßt Napoleon plötzlich neun riesige Hunde auf Schneeball zustürzen und ihn vertreiben. Es sind die Welpen, die Napoleon den Hündinnen Jessie und Glockenblume weggenommen und in aller Stille für sich als Leibwache großgezogen hat.
Schweigen und Entsetzen breitet sich aus. Napoleon ist nun Alleinherrscher. Von seiner Hundemeute umgeben, führt er ein neues Regime der eisernen Disziplin ein und verkündet drakonische Maßnahmen. Er allein bestimmt nun, was zu geschehen hat und was Recht und Unrecht ist. Versammlungen und Abstimmungen seien Zeitvergeudung. Alle Fragen, die sich auf die Farmarbeit beziehen, werden von jetzt an von einem besonderen Schweineausschuß erledigt, dessen Vorsitz er, Napoleon, übernehme. Die Tiere haben den Entschließungen des Ausschusses nur zuzustimmen, Widerspruch gebe es nicht. Und der Windmotor werde nun doch gebaut; Schneeball, der ein Verräter gewesen sei, habe ihm seinerzeit den Plan gestohlen.
Diesen Äußerungen Napoleons stimmt vor allem Boxer zu. Er erklärt: „Was Kamerad Napoleon sagt, muß richtig sein. Napoleon hat immer recht.“ Und er fügt hinzu: „Ich will noch härter arbeiten.“

Sechstes Kapitel

Auf der Farm wird nun härter gearbeitet als je zuvor: die Sechzig-Stunden-Woche wird eingeführt, und auf Befehl Napoleons muß nun auch Sonntag nachmittags gearbeitet werden, offiziell zwar auf freiwilliger Basis, doch wird denjenigen, die fernbleiben, die Essens-Ration um die Hälfte gekürzt.

Der Bau des Windmotors geht sehr langsam voran. Viele Schwierigkeiten sind zu überwinden. Es bedarf harter Arbeit, um die schweren Steinblöcke für den Bau zu transportieren und aufeinanderzuschichten.

Eines Sonntags verkündet Napoleon, daß er in Zukunft Handelsbeziehungen mit Nachbarsfarmern anknüpfen werde, um Materialien zu beschaffen, die für den Bau des Windmotors nötig seien. Um die erforderlichen Finanzen dafür sicherzustellen, müßten die Hennen mehr Eier legen und dieses Opfer als besonderen Beitrag für den Aufbau des Animalismus ansehen.

Das Unbehagen der Tiere wegen dieser Neuerungen wird durch Propagandareden von Quiekschnauz zerstreut. Er macht den Tieren klar, daß Napoleon Geschäftsverbindungen auch mit andersdenkenden Partnern eingehen müsse, um den weiteren sozialen Fortschritt zu sichern.

Um diese Zeit geschieht es, daß die Schweine in das Farmhaus von Mr. Jones einziehen und sich in den Betten der ehemaligen Besitzer zur Ruhe legen. Man erinnert sich der früheren Abmachung, wonach kein Tier jemals im Farmhaus wohnen dürfe und des Gebotes Nr. 4, wonach kein Tier in einem Bett schlafen solle. Aber Quiekschnauz erklärt, daß die Schweine, die sozusagen das Gehirn der Farm wären, unbedingt einen ruhigen Arbeitsplatz haben müßten. Die Würde des „Führers" — so wird Napoleon jetzt genannt — verlange es, daß er besser untergebracht sei als alle anderen. Kein Tier wagt es, zu murren, auch nicht, als einige Tage später verkündet wird, daß die Schweine jetzt eine Stunde später aufstehen werden als die anderen Tiere.

Als eines Tages ein heftiger Novembersturm den bereits errichteten Turm des Windmotors zum Einsturz bringt, wird dies als ein Racheakt des vertriebenen Schneeball angesehen. Napoleon spricht das Todesurteil über Schneeball aus und setzt Preise für seine Ergreifung fest. Dann richtet man den Windmotor-Turm wieder auf.

Siebentes Kapitel

Trotz harter Arbeit und Boxers Devise „Ich will noch härter arbeiten" wird das Futter knapp, die Körnerration herabgesetzt und der Ausbruch einer Hungersnot befürchtet. Natürlich werden diese Tatsachen vor der Außenwelt verheimlicht. Um diese vielmehr von dem Gedeihen der Farm und den Fortschritten des Animalismus zu überzeugen, werden einem Agenten, Mr. Whymper, der die Farm auf Napoleons Einladung hin besucht und inspiziert, vollgefüllte Futterbehälter vor Augen geführt (er bemerkt nicht, daß unter dem Futter sich nur Sand befindet); auch hat man einige Schafe dahin instruiert, daß sie in Hörweite von Mr. Whymper Bemerkungen über die vorzügliche Versorgungslage der Farm und eine bevorstehende Erhöhung der Rationen machen sollen.

„Trotzdem wurde es gegen Ende Januar offenbar, daß man von irgendwoher Futter beschaffen mußte. In diesen Tagen zeigte Napoleon sich nur selten in der Öffentlichkeit, sondern verbrachte all seine Zeit im Farmhaus, dessen Türen von den wildblickenden Hunden bewacht waren. Wenn er auftauchte, geschah es nur auf sehr zeremonielle Art mit einer Eskorte von sechs Hunden, die sich eng um ihn schlossen und knurrten, wenn jemand zu nahe kam. Häufig erschien er nicht einmal Sonntag morgens, sondern gab seine Weisungen durch eines der anderen Schweine, gewöhnlich durch Quiekschnauz.

Eines Sonntag morgens verkündete Quiekschnauz, daß die Hennen, die eben wieder zu legen begonnen hatten, ihre Eier abliefern müßten. Napoleon hatte, durch Whympers Vermittlung, einen Kontrakt über die Lieferung von vierhundert Eiern in der Woche abgeschlossen. Mit dem Preis dieser Eier könnte man hinreichend Korn und Futtermittel kaufen, um die Farm in Gang zu halten, bis der Sommer kam und die Lebensverhältnisse leichter wurden.

Als die Hennen das hörten, erhoben sie ein schreckliches Geschrei. Man hatte ihnen wohl warnend vorausgesagt, daß dieses Opfer nötig werden könnte, aber sie hatte nie geglaubt, daß es wirklich dazu kommen würde. Sie hatten gerade alles vorbereitet, um im Frühjahr zu brüten, und sie erklärten, die Eier jetzt wegzunehmen sei Mord. Zum erstenmal seit Jones' Vertreibung regte sich etwas, was einer Revolte glich. Von drei jungen Minorcahühnchen geführt, unternahmen die Hühner einen entschlossenen Versuch, Napoleons Wünsche zu durchkreuzen. Ihre Methode bestand darin, auf die Dachsparren zu fliegen und dort ihre Eier zu legen, die dann auf dem Boden zerschmetterten. Napoleon handelte rasch und rücksichtslos. Er befahl, daß die Hühner keine Rationen zu erhalten hätten, und bestimmte, daß jedes Tier, das ihnen auch nur ein Korn zusteckte, mit dem Tode zu bestrafen sei. Die Hunde achteten darauf, daß diese Befehle ausgeführt wurden. Fünf Tage lang hielten die Hühner durch, dann ergaben sie sich und kehrten an ihre Brutstätten zurück. Neun Hühner waren in der Zwischenzeit gestorben. Ihre Leichen wurden im Obstgarten begraben, und man gab die Parole aus, sie seien an Coccidiosis gestorben." (S. 78-79).
„Vier Tage vergingen, da befahl Napoleon den Tieren, sich im Hof zu versammeln. Als alle beisammen waren, trat Napoleon aus dem Farmhaus, mit beiden Orden geschmückt — denn er hatte sich kürzlich die Orden „Tierheld erster Klasse" und „Tierheld zweiter Klasse" selber verliehen — und begleitet von den neun mächtigen Hunden, die ihn umsprangen und ein Knurren hören ließen, bei dem es den Tieren schaudernd das Rückgrat hinunterlief. Sie kauerten schweigend auf ihren Plätzen und schienen zu ahnen, daß etwas Furchtbares bevorstünde.
Napoleon musterte seine Zuhörer streng; dann stieß er ein hohes Quieken aus. Unverzüglich sprangen die Hunde vorwärts, packten vier von den Schweinen bei den Ohren und schleppten sie, die vor Schreck und Schmerz quiekten, zu Napoleons Füßen. Die Ohren der Schweine bluteten, die Hunde hatten Blut geleckt, und sekundenlang schienen sie ganz von Sinnen zu sein. Zu allgemeiner Bestürzung sprangen drei von ihnen auf Boxer los. Boxer sah sie kommen, streckte den mächtigen Huf aus, fing einen Hund in der Luft

auf und schmetterte ihn zu Boden. Der Hund flehte heulend um Gnade, und die beiden andern liefen, den Schwanz zwischen den Beinen, davon. Boxer warf einen Blick auf Napoleon, um zu hören, ob er den Hund zertrampeln oder laufenlassen sollte. Napoleon schien ein wenig aus der Fassung zu geraten, und er befahl Boxer scharf, den Hund laufenzulassen. Boxer hob den Huf, und der Hund hinkte zerschlagen und heulend davon.

Jetzt ebbte der Tumult ab. Die vier Schweine warten zitternd, aus ihrer Haltung sprach klar ihr Schuldbewußtsein. Napleon forderte sie auf, ihre Verbrechen zu bekennen. Es waren dieselben Schweine, die protestiert hatten, als Napoleon die Sonntagsversammlungen abschaffte. Ohne weiteres Drängen bekannten sie, daß sie mit Schneeball, seit seiner Verjagung, insgeheim in Verbindung gestanden seien, daß sie mit ihm an der Zerstörung des Turmes der Windkraftanlage mitgearbeitet hätten, und daß sie im Einverständnis mit ihm die Farm der Tiere Mr. Frederick in die Hände spielen wollten. Sie fügten hinzu, Schneeball habe ihnen gegenüber zugegeben, daß er seit Jahren Mr. Jones' Geheimagent gewesen sei. Als sie ihre Beichte beendet hatten, zerfleischten die Hunde ihnen augenblicklich die Kehlen, und mit schrecklicher Stimme fragte Napoleon, ob sonst kein Tier etwas zu gestehen habe.

Die drei Hühner, die bei dem Aufstandsversuch anläßlich der Eierlieferung die Rädelsführerinnen gewesen waren, traten jetzt vor und erklärten, Schneeball sei ihnen im Traum erschienen und habe sie dazu aufgereizt, Napoleons Befehlen nicht zu gehorchen. Auch sie wurden geschlachtet. Dann trat eine Gans vor und gestand, sie habe während der vorjährigen Ernte sechs Ähren unterschlagen und nachts aufgefressen. Dann beichtete ein Schaf, es habe, wie es sagte, von Schneeball dazu angestachelt, sein Wasser in der Tränke abgeschlagen, und zwei andere Schafe gestanden, sie hätten einen alten Widder, einen besonders ergebenen Anhänger Napoleons, ermordet, indem sie ihn um einen Scheiterhaufen herum jagten, während er an Husten litt. Sie alle wurden auf der Stelle geschlachtet. Und so gingen Geständnisse und Hinrichtungen weiter, bis ein Leichenhaufen vor Napoleons Füßen lag und die Luft vom Blutgeruch schwer war — ein Ereignis, unerhört seit Jones' Vertreibung.

Als alles vorüber war, schlichen die übrigen Tiere, ausgenommen die Schweine und die Hunde, davon. Sie waren erschüttert und fühlten sich recht jämmerlich. Sie wußten nicht, was empörender war — der Verrat der Tiere, die sich mit Schneeball verbündet hatten, oder die grausame Sühne, deren Zeugen sie eben gewesen waren. In den alten Zeiten hatte es Blutvergießen gegeben, das nicht minder schrecklich war, aber jetzt, da es in ihrem eigenen Kreise geschah, erschien es ihnen allen als weit furchtbarer". (S. 85—88).

Achtes Kapitel

Die Tiere glauben sich an das sechste Gebot zu erinnern, das da lautete: „Kein Tier soll ein anderes Tier töten." Sie wagen es zwar nicht, sich in Hörweite von Schweinen und Hunden dazu zu äußern, meinen aber doch, daß sich die Hinrichtungen nicht mit dem Gebot vertragen. Zu ihrem Erstaunen hören sie aber, daß das Gebot lautet: „Kein Tier soll ein anderes Tier grundlos töten." Dieses eine Wort war ihrem Gedächtnis entfallen. Sie erkennen nun, daß Napoleon das Gebot nicht verletzt hat und gute Gründe hatte, Verräter zu bestrafen.

„Man sprach von Napoleon niemals mehr einfach als ‚Napoleon'. Er wurde nur noch höchst formell als ‚Unser Führer, Kamerad Napoleon' bezeichnet und die Schweine liebten es, für ihn Titel zu erfinden wie ‚Vater aller Tiere', ‚Schrecken der Menschheit', ‚Beschützer der Schafsrasse', ‚Entenfreund' und dergleichen. In seinen Reden sprach Quiekschnauz mit herabrollenden Tränen von Napoleons Weisheit, seiner Herzensgüte und der tiefen Liebe, die er für alle Tiere allerorten hege und im besonderen für jene, die noch auf den anderen Farmen in Unwissenheit und Sklaverei lebten. Es war üblich geworden, Napoleon das Verdienst an jeder erfolgreichen Leistung und an jedem Glückszufall zuzusprechen. Häufig konnte man ein Hohn zum anderen sagen hören: „Unter der Leitung unseres Führers, Kamerad Napoleons, habe ich in sechs Tagen fünf Eier gelegt"; oder man hörte zwei Kühe an der Tränke rufen: „Wie gut schmeckt, dank der Führerschaft Napoleons, dieses Wasser!“ Das allgemeine Empfinden fand den richtigen Ausdruck in einem Gedicht, betitelt ‚Kamerad Napoleon‘, das Minimus verfaßt hatte, und das folgendermaßen lautete:

„Dich als Vater aller Waisen,
Unsres Glückes Quell zu preisen,
Fürst vom Troge, ach, wie brenn ich schon!
Fühl die hohe Wonne ganz,
Seh ich unterm Siegeskranz
Deines Blickes Herrscherglanz,
Kamerad Napoleon.

Was dein Volk verlangt vom Leben,
Hast du reichlich ihm gegeben,
Trocknes Stroh und zweimal Fraß zum Lohn,
Alle Tiere groß und klein
Schlummern sanft und friedlich ein,
Denn es wacht das Auge dein,
Kamerad Napoleon.

Wird ein Ferkel mir geboren,
Spitz' es gleich die kleinen Ohren,
An der Zitze lehr ich meinen Sohn,
Bringe ihm energisch bei
Untertanentrieb und Treu,
Und sein erstes Quieken sei:
Kamerad Napoleon!“

Napoleon billigte dieses Kunstwerk und ordnete an, daß es an der Wand der großen Scheune, den Sieben Geboten gegenüber, anzuschreiben sei. Darüber prangte ein Profilbild Napoleons, von Quiekschnauz in weißer Farbe ausgeführt.“ (S. 95—96).

„Im Hochsommer wurden die Tiere durch die Nachricht alarmiert, daß drei Hühner sich meldeten, um zu beichten, sie hätten, von Schneeball angestachelt, ein Komplott geschmiedet, um Napoleon zu ermorden. Sie wurden unverzüglich hingerichtet, und man ergriff neue Vorsichtsmaßnahmen zu Napoleons Sicherheit. Vier Hunde bewachten nachts sein Bett, jeder an einem Pfosten, und ein junges Schwein namens Rosenaug wurde damit betraut, alles Futter zu kosten, bevor Napoleon es fraß, um einen Giftmord zu vermindern" (S. 97).

Nach einer Machenschaft Napoleons mit den Farmernachbarn Frederick und Pilkington wegen des Verkaufs eines Holzstoßes kommt es — nachdem er von Frederick mit Falschgeld betrogen worden ist — zu einem Angriff Fredericks auf die Farm der Tiere, wobei der Windmotor in die Luft gesprengt wird. Nichtsdestoweniger tragen die Tiere einen Sieg über Frederick und seine Männer davon und schlagen sie in die Flucht. Die Schlacht wird als „Schlacht vom Windmotor" gefeiert; Napoleon kreiert eine neue Auszeichnung, den „Orden vom grünen Baum", den er sich selbst verleiht. Er übersteht — nachdem in den Kellern des Farmhauses eine Kiste Whisky entdeckt worden ist — eine schwere „Krankheit" und läßt das Gebot „Kein Tier soll Alkohol trinken" in „Kein Tier soll im Überfluß Alkohol trinken" umändern. Er ordnet ferner an, daß in Zukunft die Koppel, die als Weidegrund für Tiere im Ruhestand vorgesehen war, dem Anbau von Gerste zu dienen habe.

Neuntes Kapitel

„Unterdessen war das Leben recht hart. Der Winter war ebenso kalt wie der letzte, und das Futter war eher noch knapper. Abermals wurde alle Rationen herabgesetzt, abgesehen von denen der Schweine und der Hunde. Eine allzu starre Gleichheit der Rationen, erklärte Quiekschnauz, würde den Grundsätzen des Animalismus widersprechen. Jedenfalls war es ihm nicht weiter schwer, den Tieren zu beweisen, daß es in Wirklichkeit gar keine Futterknappheit gebe, wenn es auch so scheinen möge. Gewiß, man habe es derzeit nötig befunden, die Rationen anzupassen — Quiekschnauz sprach stets von ‚Anpassung' und niemals von ‚Herabsetzung' —, aber im Vergleich von Jones' Zeiten war die Besserung noch immer unge-

heuer. Indem er mit rascher, schriller Stimme Ziffern herunterlas, bewies er ihnen im einzelnen, daß sie mehr Hafer, mehr Heu, mehr Rüben hätten als zu Jones' Zeiten, daß sie weniger Arbeitsstunden machen müßten, daß ihr Trinkwasser von besserer Qualität sei, daß die Lebenszeit sich verlängert habe, daß ein größerer Prozentsatz der Neugeborenen das Säuglingsalter überlebe, daß sie mehr Stroh im Stall hätten und weniger unter den Fliegen litten. Die Tiere glaubten ihm jedes Wort. In Wirklichkeit war ihre Erinnerung an Jones und alles, was mit ihm zusammenhing, in ihnen fast erloschen. Sie wußten, daß das Leben heute rauh und ärmlich war, daß sie oft hungerten und oft froren, und daß sie zumeist arbeiteten, wenn sie nicht gerade schliefen. Aber in der alten Zeit war es ohne Zweifel schlimmer gewesen. Der Glaube daran machte sie glücklich. Zudem waren sie in jenen Tagen Sklaven gewesen, und jetzt waren sie frei, und das machte den gewaltigen Unterschied aus; wenigstens verfehlte Quiekschnauz nie, darauf hinzuweisen." (S. 113-114)
Napoleon schwingt sich immer mehr zu einem absoluten Herrscher auf. Für seine Tafel wird reichlich Zucker bereitgestellt, während den anderen Schweinen es verboten wird, Zucker zu essen, weil er sie zu fett macht. Napoleon erhält auch täglich vier Liter Bier, die ihm in der Suppenschüssel des Crown Derby-Service dargereicht werden. Alle anderen Schweine müssen sich mit einem halben Liter Bier begnügen.
„Doch galt es auch Härten zu ertragen, so wurden sie eben zum Teil dadurch ausgeglichen, daß das Leben heute mehr Würde besaß als früher. Es gab mehr Gesänge, mehr Reden, mehr Umzüge. Napoleon hatte befohlen, daß einmal in der Woche etwas stattzufinden habe, was eine ‚spontane Demonstration' genannt wurde, deren Zweck es war, die Kämpfe und Triumphe der Farm der Tiere zu feiern. Zu einer bestimmten Stunde hatten die Tiere ihre Arbeit zu verlassen und in militärischer Formation, an der Spitze der Schweine, dann die Pferde, dann die Kühe, dann die Schafe und schließlich das Geflügel, rund um das Gebiet der Farm zu marschieren. Die Hunde strichen links und rechts vom Zuge umher, und allen voran zog Napoleons schwarzer Hahn. Boxer und Clover trugen miteinander ein grünes Banner mit dem Huf und dem Horn

und der Inschrift ‚Lang lebe Kamerad Napoleon!‘ Nachher wurden Gedichte und Lieder zu Ehren Kamerad Napoleons vorgetragen, eine Rede Quiekschnauz' gab Einzelheiten über die neueste Steigerung der Futterproduktion bekannt, und gelegentlich wurde auch aus dem Gewehr ein Schuß abgefeuert. Die Schafe waren die begeistertsten Mitläufer bei den ‚spontanen Demonstrationen‘, und wenn jemand sich darüber beschwerte — wie dies manchmal geschah, sobald weder Schweine noch Hunde zugegen waren —, daß man die Zeit vergeude und bloß in der Kälte herumstehen müsse, da brachten die Schafe ihn bestimmt mit einem ohrenbetäubenden Geblök „Vierbeiner gut, Zweibeiner schlecht!“ zum Schweigen. Doch alles in allem machten den Tieren diese Feiern Spaß. Sie fanden es am Ende tröstlich, daran erinnert zu werden, daß sie nun doch ihre eigenen Herren seien, und daß alle Arbeit, die sie leisteten, nur ihnen allein zugute komme. Und so waren sie über dem Singen, den Umzügen, Quiekschnauz' Ziffern, dem Dröhnen des Schusses, dem Krähen des Hahns, dem Flattern der Flagge imstande, wenigstens hin und wieder zu vergessen, daß ihre Bäuche leer waren.

Im April wurde die Farm der Tiere zur Republik ausgerufen, und es wurde nötig, einen Präsidenten zu wählen. Es gab nur einen Kandidaten, Napoleon, der denn auch einstimmig gewählt wurde.“ (S. 117—118)

Nach einem Unfall des altersschwach gewordenen Boxer wird es ruchbar, daß er zu einem Abdecker gebracht werden soll. Quiekschnauz behauptet zwar, daß Napoleon dies nie zulassen würde und daß Boxer im Abdecker-Wagen nicht zur Schlachtbank, sondern zum Tierarzt gebracht würde. Drei Tage später verlautet jedoch, daß er im Spital gestorben wäre, nachdem er alle erdenkliche Pflege erhalten habe, die sich ein Pferd nur wünschen könne. In einer Ansprache gedenkt Napoleons Boxers und erinnert an seinen Wahlspruch: „Ich will noch härter arbeiten!“ sowie an sein Bekenntnis: „Kamerad Napoleon hat immer recht!“ — Leitsätze, die sich jedes Tier zu eigen machen sollte.

Zehntes Kapitel

Jahre sind vergangen. Die glorreiche Revolution ist den meisten Tieren der Farm nur noch vom Hörensagen bekannt. Vergleichsmöglichkeiten mit früheren Zuständen fehlen und werden immer mehr in den Hintergrund gedrängt. Quiekschnauz, der so fett geworden ist, daß er kaum noch aus den Augen schauen kann, beweist den Tieren immer wieder durch Statistiken, daß jetzt alles besser sei als früher und daß in Zukunft alles noch besser werden würde. Das Fernziel, absolutes Glück für alle, sei zwar immer noch nicht erreicht, aber man habe die Hoffnung, es zu erreichen und dürfe diese Hoffnung nicht aufgeben.
Eines Tages aber ereignet sich etwas Unerhörtes. Man erblickt ein Schwein, das auf seinen Hinterbeinen einhergeht.
„Ja, es war Quiekschnauz. Ein wenig ungeschickt, als wäre er noch nicht völlig gewohnt, seine respektable Masse in dieser Stellung zu halten, aber doch mit vollendetem Gleichgewicht schlenderte er über den Hof. Und einen Augenblick später kam aus der Türe des Farmhauses eine lange Reihe von Schweinen, die sämtlich auf den Hinterbeinen einhergingen. Einige konntes es besser als die anderen, eines oder das andere schien sich sogar ein wenig unsicher zu fühlen und sah aus, als hätte es gern einen Stock, auf den es sich stützen könnte, aber ein jedes wußte doch seine Weg rund um den Hof erfolgreich zu beenden. Dann gab es ein furchtbares Gebell der Hunde, ein schrilles Krähen des schwarzen Huhnes, und aus der Tür trat Napoleon selbst, majestätisch aufrecht, warf stolze Blicke nach allen Seiten und die Hunde sprangen um ihn herum. In seinem Huf trug er eine Peitsche.
Es gab ein tödliches Schweigen. Verblüfft, erschreckt, dicht aneinander gedrängt sahen die Tiere zu, wie die lange Reihe der Schweine langsam den Hof umwandelte. Es war, als wäre die Welt völlig auf den Kopf gestellt. Dann kam ein Augenblick, da der erste Schreck überwunden war, und da trotz allem — trotz der Angst vor den Hunden und trotz der jahrelangen Gewöhnung, nicht zu klagen und nicht zu kritisieren, was auch geschehen mochte — ein Wort des Protests laut geworden wäre. Aber gerade in diesem Augen-

blick stimmten, wie auf ein Signal, alle Schafe ein ohrenbetäubendes Blöken an:
„Vierbeiner gut, Zweibeiner besser! Vierbeiner gut, Zweibeiner besser! Vierbeiner gut, Zweibeiner besser!"
So ging das fünf Minuten lang ununterbrochen weiter. Und als die Schafe sich wieder beruhigt hatten, war die Gelegenheit zu Widerspruch vorüber, denn die Schweine waren unterdessen in das Farmhaus zurückmarschiert.
Benjamin fühlte, wie etwas sich an seiner Schulter rieb. Er sah sich um. Es war Clover. Ihre alten Augen blickten trüber als je. Ohne ein Wort zu sagen, zog sie ihn sanft an der Mähne und führte ihn bis zur Wand der großen Scheune, wo die Sieben Gebote angeschrieben worden waren. Eine ganze Minute lang standen sie da und starrten die geteerte Wand mit den weißen Buchstaben an.
„Meine Sehkraft läßt nach", sagte sie schließlich. „Selbst als ich noch jung war, konnte ich nicht lesen, was da geschrieben stand. Aber mir scheint, als ob die Wand irgendwie anders aussehen würde. Sind die Sieben Gebote dieselbe wie früher, Benjamin?" Ausnahmsweise war Benjamin bereit, von seinen Grundsätzen abzugehen, und er las ihr vor, was an der Wand geschrieben stand. Es war nichts da als ein einziges Gebot. Und das lautete:
Alle Tiere sind gleich, aber einige Tiere sind gleicher als andere.
Nun war es auch nicht weiter befremdend, als am nächsten Tag die Schweine, die die Arbeit beaufsichtigten, Peitschen zwischen den Beinen hielten. Es war nicht weiter befremdend, zu erfahren, daß die Schweine einen Radioapparat gekauft hatten, ein Telefon einrichten ließen und ‚John Bull', ‚Tit-Bits' und den ‚Daily Mirror' abonnierten. Es war nicht befremdend, Napoleon, eine Pfeife im Rüssel, durch den Garten des Farmhauses schlendern zu sehen, ja, auch nicht, zu sehen, daß die Schweine Mr. Jones' Kleider aus den Schränken holten und anzogen; Napoleon selbst erschien in schwarzem Rock, schmutzigen Reithosen und Ledergamaschen, während seine Lieblingssau sich in dem schimmernden Seidenkleid zeigte, das Mrs. Jones gewöhnlich sonntags getragen hatte."
(S. 135—137)

Zur Feier der neuen Ordnung geben die Schweine eine Party, zu der sie die Farmer der Nachbarschaft eingeladen haben. Man tagt im Farmhaus von Mr. Jones, rund um eine lange Tafel sitzen ein halbes Dutzend Farmer und ein halbes Dutzend der hervorragendsten Schweine. Napoleon thront auf dem Ehrensitz obenan. Reden werden gehalten, Trinksprüche ausgebracht, Humpen mit frischem Bier machen die Runde. Napoleon erklärt, daß die Zeit der Mißverständnisse vorbei sei und es ihm auf eine gute Zusammenarbeit mit den Nachbarn ankomme; von nun an soll die Farm der Tiere auch wieder „Herrenfarm“ heißen.
Erstaunt sehen die Tiere von außen her durch die Fenster in das Farmhaus hinein, beobachten das ausgelassene Gelage. Dabei werden sie gewahr, daß die Gesichter der Schweine sich verändert haben, daß sie sich denen der Menschen angleichen. Sie schauen von Mensch zu Schwein und von Schwein zu Mensch; je mehr sie die feiernden, schreienden, Karten spielenden und streitenden Teilnehmer der Party betrachten, umso unmöglicher wird es ihnen, zu sagen, wer das Schwein und wer der Mensch ist.

III. CHARAKTERISTIK DER AKTEURE

Die Akteure der Fabel „Farm der Tiere“ sind naturgemäß Tiere, aber sie haben menschliche Eigenschaften und stellen bestimmten Menschentypen dar. Da es sich bei George Orwell um eine politische Satire handelt, bezieht sich die Personalität der einzelnen Tiere auf Persönlichkeiten des politischen Lebens, und zwar ausdrücklich auf solche unserer Zeit. Auch die in Orwells Fabel geschilderten Lebensumstände und Vorgänge, Maßnahmen, Anordnungen und Verhaltensweisen der Regierenden und Regierten sind Spiegelbilder heutiger politischer Systeme und staatlicher Verfahrensweisen. All dies verleiht dem Buch eine ungeheure Aktualität, und es fällt nicht schwer, in den Schilderungen der einzelnen Geschehnisse und in der Darstellung der Hauptakteure Abbilder von Vorgängen und Personen zu erkennen, die für den politischen Extremismus unserer Zeit, insbesondere für den sozialistischen und kommunistischen Totalitarismus kennzeichnend sind.

NAPOLEON

George Orwells „Farm der Tiere“ ist weitgehend die Geschichte der Machtergreifung Napoleons, welcher dem Leser im zweiten Kapitel als ein massiger, wildblickender Eber vorgestellt wird, der dafür bekannt ist, daß er sich überall durchzusetzen vermag (S. 18). Dieser Eber ist entschlossen, seine eigene Position zu stärken und seine Autorität zur Geltung zu bringen. Das Verschwinden der Milch (S. 29) ist eins der ersten Anzeichen dafür, daß Napoleon sich selbst der Nächste ist. Seiner Machtergreifung und Sicherung dient die Aufzucht der neun stämmigen Welpen in der abgeschlossenen Geschirrkammer des Farmhauses, die er ihren Müttern Jessie und Glockenblume wegnahm und die später seine gefürchtete Leibgarde bilden (S. 37). Die Vertreibung seines Rivalen Schneeball macht ihn dann schließlich zum „Alleinherrscher“ (S. 56). Er bestimmt nun den Gang der Dinge und lenkt die Organisation der

Farm als „volkseigenen Betrieb“: wer nicht „freiwillig“ Mehrarbeit zum Wohle des Ganzen leisten will, dem werden die Rationen herabgesetzt (S. 62); den unzufrieden gegen höhere Arbeitsleistung meuternden Hennen wird das Futter ganz entzogen (S. 79); eigene Schuldbezeugungen werden gefordert und erzwungen, Hinrichtungen folgen (S. 86—88); das grausame Spiel um Boxers Tod und Napoleons Heuchelei zeigen seine Gewissenlosigkeit und Brutalität (S. 126). Als er schließlich auf seinen Hinterbeinen daherschreitend, von seiner Hundemeute umgeben, in seinem Huf eine Peitsche tragend, sich der Öffentlichkeit zeigt (S. 135), weiß jeder, daß er es mit einem brutalen Diktator zu tun hat, einem selbstsüchtigen, gewalttätigen, unerbittlichen Tyrannen, der weit schlimmer ist, als es der vertriebene Mr. Jones je gewesen war.
Auf seinem Weg zur Gewaltherrschaft, für die das von ihm, von Schneeball und Quiekschnauz nach der überlieferten Lehre Old Majors geschaffene System des „Animalismus“ die Basis bildet, kennt Napoleon keine Nachsicht: die Mittel, deren er sich bedient, sind Täuschung und Betrug, List und Gewalt; er ist von unerhörter Eigennützigkeit, von gefühlloser Gleichgültigkeit und Härte gegenüber seinen Tierkameraden und läßt keine Gelegenheit vorübergehen, um sich selbst in Szene zu setzen; sein Porträt ziert die Scheunenwand (S. 96), der Windmotor und einige Feiertage tragen seinen Namen (S. 101), Lobpreisungen werden verfaßt, um seinen Ruhm zu verkünden und ihn als großen „Führer“, als „Vater aller Waisen“, „Glückes Quell“ und „Fürst vom Troge“ (S. 96) zu preisen; er versorgt sich selber am besten mit Zucker, Milch und Bier und ergibt sich hemmungslos der Gefräßigkeit und Trunksucht (S. 115—117); er verleiht sich selbst alle Orden (S. 85 und 109) und billigt den Slogan „Napoleon hat immer recht“ (S. 65, 70 und 128).
In der Öffentlichkeit läßt er sich immer seltener sehen, um die Wirksamkeit seines Erscheinens zu erhöhen: „Wenn er erschien, dann war er nicht bloß von seinem Gefolge von Hunden begleitet, sondern auch von einem schwarzen Hahn, der ihm vorranging und gewissermaßen als Trompeter diente und, bevor Napoleon zu sprechen begann, ein lautes „Kikeriki“ erschallen ließ. Selbst im Farmhaus, so hieß es, bewohnte Napoleon Räume, die von den anderen

abgesondert waren. Er nahm seine Mahlzeiten allein ein, zwei Hunde warteten ihm auf, und er aß ständig von dem Crown-Derby-Service, das im Glasschrank im Wohnzimmer stand . . . Vier Hunde bewachten nachts sein Bett, jeder an einem Pfosten, und ein junges Schwein namens Rosenaug wurde damit betraut, alles Futter zu kosten, bevor Napoleon es fraß, um einen Giftmord zu verhindern (S.94—97).
Mit einem Wort, Orwell hat hier das Porträt eines vollkommenen Diktators gezeichnet, der durch die gewonnene Machtfülle korrumpiert wird und sich der schlimmsten Mittel physischer und psychischer Grausamkeit bedient, der Heuchelei und des Betrugs sowie der Gewalttätigkeit, um seine politischen und privaten eigennützigen Ziele zu erreichen.
Das Bild Napoleons enthält deutliche Züge Stalins, Mussolinis, Hitlers, Francos, Somozas und einiger anderer Diktatoren unserer Zeit.

SCHNEEBALL

Schneeball, der andere junge Eber, Napoleons Genosse und zugleich sein Rivale, ist lebhafter als dieser, redegewandter, erfindungsreicher, aber auch sehr intrigierend. Er besitzt ein hervorragendes Organisationstalent, verfügt über Wagemut und Strategiekunst und entwirft kühne technische Pläne für die Zukunft.
Napoleon aber gelingt es, ihn als Rivalen und Opponenten auszuschalten, so daß Schneeball gezwungen ist, seine eigene Haut zu retten und die Farm der Tiere zu verlassen. Danach wird er nie wieder gesehen.
Napoleon jedoch und diejenigen, die ihm hörig sind, halten die Erinnerung an Schneeball als an einen Verräter wach und schieben alle Fehlschläge und Katastrophen und alles, was die Farm in irgendeiner Weise schädigt oder bedroht, ihm in die Schuhe. Sie bauen mit Schneeball ein Schreckgespenst auf, erklären ihn zum Sündenbock, der allein an allen Mißständen schuld sei, für alle Mängel verantwortlich sei, immer Übles im Sinne habe und der Gemeinschaft der Tiere nur schaden wolle.

Orwell hatte Trotzki, den russischen Revolutionär und Gegenspieler Stalins im Sinn, als er Schneeball schuf; darüber hinaus wollte er zeigen, daß Diktaturen immer Sündenböcke, Störenfriede, Widersacher, Gegner brauchen und solche bewußt als Angriffsziele aufbauen, um die eigenen Untergebenen stärker zu mobilisieren und für die eigenen Wunschziele besser einsetzen zu können. Man denke an Hitlers Kampf gegen den Weltfeind Nr. 1, gegen das Judentum, und an den Kampf der heutigen sozialistischen Staaten, etwa der DDR, gegen den „verderblichen" Einfluß des Westens, dem man die Zerstörung der eigenen Position zuschreibt.

QUIEKSCHNAUZ

Quiekschnauz ist Napoleons Fürsprecher und Propagandist. Er ist ein fettes, kleines Schwein mit runden Backen, zwinkernden Augen, flinken Bewegungen und einer schrillen Stimme. Er ist ein glänzender Redner, und wenn er eine schwierige Frage erörtert, hat er eine Art, von einer Seite zur andern zu hüpfen und mit dem Schwanz zu wackeln, die etwas ungemein Überzeugendes hat. (S. 18).
Man sagt von Quiekschnauz, er könne aus Schwarz Weiß machen. Old Majors Lehre und Vermächtnis hat er zusammen mit Napoleon und Schneeball zu einem System ausgearbeitet, dem man den Namen „Animalismus" gegeben hat. An der Ausarbeitung dieses Systems und an der Fassung in wichtige Leitsätze war vor allem Quiekschnauz beteiligt. Er ist der Theoretiker der Regierenden. Es ist aber bemerkenswert, in wie feiner Weise Orwell zeigt, daß Quiekschnauz seiner Theorie, die er andern vermitteln will und als verbindlich hinstellt, selber nicht ganz sicher ist. Deshalb tritt er immer in Begleitung von zwei oder drei Hunden auf, die seinen Schutz garantieren. Gleichzeitig wird seinem Auftreten dadurch besonderer Nachdruck verliehen: „Quiekschnauz sprach so überzeugend, und die drei Hunde, die hinter ihm saßen, knurrten so bedrohlich, daß seine Erklärungen ohne weitere Fragen angenommen wurden" (S. 62).

So hat es Quiekschnauz leicht, alle Maßnahmen Napoleons zu rechtfertigen und den Tieren verständlich zu machen. Den Bau des Windmotors stellt er als Napoleons Idee hin; daß er anfangs dagegen gewesen sei, sei ein Kunstgriff, ein Manöver gewesen, um sich Schneeballs zu entledigen, dessen Sinnesart gefährlich und dessen Einfluß schlecht gewesen sei. Napoleon sei eben ein großer Taktiker. Die Tiere wußten zwar nicht genau, was dieses Wort bedeutet, aber niemand wagt es, Einwände zu machen oder nähere Erklärungen zu verlangen.
Quiekschnauz läßt keine Gelegenheit aus, das Vaterbild Napoleons auszumalen und die Tugenden des großen „Führers" hervorzukehren und zu loben; er beweist den Tieren mit Hilfe von Statistiken, mit Prozentzahlen und Ziffern, die er mit rascher, schriller Stimme herunterliest, daß es jetzt viel besser sei als früher und daß es allen besser gehe. Früher seien sie Sklaven gewesen, jetzt seien sie frei und glücklich. Das wahre Glück liege eben in harter Arbeit und genügsamem Leben. Die Tiere glaubten ihm jedes Wort, sie hatten es ihm einfach zu glauben, auch wenn es ihnen schien, daß manches, was Quiekschnauz verkündete, nicht ganz stimmte. (S. 114 und 131).
Quiekschnauz versteht es immer wieder, die Weisheit des großen Kameraden Napoleon zu betonen und allen klar zu machen, was man ihm als dem Vorkämpfer des Animalismus verdankt. Die „Segnungen" des Animalismus erfahren vor allem die Schweine selber. So nimmt es nicht Wunder, daß auch Quiekschnauz allmählich seine Position verbessert und ein „Herr" wird: er ist der erste, der auf zwei Hinterbeinen gehend von Clover gesehen wird: „Ein wenig ungeschickt, als wäre er noch nicht völlig gewohnt, seine respektable Masse in dieser Stellung zu halten, aber doch mit vollendetem Gleichgewicht schlenderte er über den „Hof" (S. 135).
Quiekschnauz, der den Weg der Lüge als Mittel der Volksverdummung wählt, ist ein Ebenbild des Propagandaministers Hitlers Joseph Goebbels, erinnert aber auch an Praktiken der Propagandamethoden sozialistischer Ostblockstaaten und Sowjet-Rußlands.

BOXER

„Boxer war ein mächtiges Pferd, beinah achtzehn Fuß hoch und so stark wie zwei gewöhnliche Pferde zusammen. Eine lange Blesse auf der Nase gab seinem Äußeren unleugbar etwas Albernes, und er war tatsächlich keine Intelligenz von hohen Graden, aber das Gleichmaß seines Charakters und seine ungeheure Arbeitskraft bewirkten, daß er sich allgemeiner Achtung erfreute." (S. 6).

Boxer ist der arbeitswillige, selbstlose Parteigänger seiner Gemeinschaft, der seine Kraft gern in den Dienst seiner Kameraden und seines Herren stellt. Er übernimmt Arbeiten aller Art, vor allem solche, die anderen zu schwer sind: „Boxer und Clover spannten sich selber vor die Mähmaschine und den Wender; mit seinen Riesenmuskeln zog Boxer die Dreschmaschine immer wieder aus der Patsche. Er wurde von jedem bewundert. Schon zu Jones' Zeiten hatte er hart gearbeitet, jetzt aber glich er mehr drei Pferden als einem. Er gab Tage, da die gesamte Arbeit der Farm auf seinen mächtigen Schultern zu lasten schien.

Von morgens bis abends zog er und schob er, und immer dort, wo die Arbeit am härtesten war. Er hatte mit einem der Hähne ein Abkommen getroffen, der ihn morgens eine Stunde früher wecken mußte als die andern, und dann erledigte er freiwillig jene Arbeiten, die am dringendsten schienen, bevor das regelmäßige Tagewerk begann. Seine Antwort vor jedem Problem, vor jedem Hindernis war: „Ich werde noch härter arbeiten!" Und das hatte er sich zum Leitwort gemacht" (S. 31).

Boxer ist ein gewaltiges Arbeitstier, er arbeitet gern und mit Ausdauer; er läßt sich nicht nur eine Stunde früher wecken, um zu arbeiten, sondern er arbeitet später sogar nachts ein oder zwei Stunden im Schein des Vollmonds ganz allein (S. 72).

Aber so stark seine körperlichen Kräfte sind, so gering sind seine geistigen: er ist unfähig, das Alphabet zu erlernen und bringt es nicht weiter als bis zum Buchstaben D. Seine Denkfähigkeit ist begrenzt und endet in der Kombination der beiden Slogans: „Ich will noch härter arbeiten!" und „Napoleon hat immer recht" (S. 65).

Als jedoch sogar der treue und unterwürfige Boxer einmal Zweifel an den Darstellungen und Lügnereien von Quiekschnauz äußert, versuchen die Schweine, ihn zu töten und hetzen die Hunde auf ihn, die er allerdings mit mächtigen Hufschlägen vertreibt (S. 86). Seitdem in Ruhe gelassen, darf er sich zu Tode arbeiten, und als er überanstrengt und altersschwach zusammenbricht, wird er von Napoleon und Quiekschnauz dem Abdecker überantwortet. Sie versuchen zwar diese harte und mitleidlose Tat zu bemänteln und zu vertuschen, aber der Sachverhalt wird zum Entsetzen der Tiere, die Boxer wegen seines geraden, ehrlichen Wesens schätzen, ruchbar. Das System versteht es, die Arbeitskraft Boxers auszunutzen und ihn sich dienen zu lassen; aber wer arbeitsunfähig und altersschwach ist und der Gemeinschaft keinen Nutzen bringt, wird abgeschoben. Boxer symbolisiert den einfachen, kräftigen, aber geistig etwas beschränkten Arbeiter, den Stachanow- und Hennecke-Typ, der von einem totalitären Regime als Sklave der Arbeit ausgebeutet wird.

CLOVER

„Clover war eine untersetzte Mutterstute, die sich den mittleren Jahren näherte und nach der Geburt ihres vierten Fohlens ihre Gestalt nie mehr ganz wiedergefunden hatte." (S. 6). Clover ist ein arbeitsames, geduldiges Pferd, das zu einem leidenschaftlichen Verfechter der Prinzipien des Animalismus wird, soweit es sie versteht. Clover erlernt das ganze Alphabet, kann aber mit ihm keine Wörter bilden. Die Stute folgt ohne Widerrede den Anordnungen Napoleons und anerkennt seine Führerschaft. Sie ist stets bereit, die ihr aufgetragenen Aufgaben auszuführen und sieht dies als ihren Beitrag zum Wohle der Gemeinschaft, in die sie hineingestellt ist, an.
Clover ist das erste Tier, das die auf ihren Hinterbeinen gehenden, menschliches Gebahren und menschliche Gesichtszüge annehmenden Schweine bemerkt. Zutiefst erschrocken teilt sie ihre Beobachtung den anderen Tieren mit, die von Entsetzen ergriffen werden, als sie nicht nur Quiekschnauz, sondern auch Napoleon, maje-

stätisch aufrecht gehend und in Begleitung seiner Hunde stolze Blicke nach allen Seiten werfend, erblicken. Nach dem Signal der Schafe „Vierbeiner gut, Zweibeiner besser!" bittet die betrübt blickende Clover den Esel Benjamin, ihr den an der Scheunenwand stehenden Spruch, dessen Text („Alle Tiere sind gleich") sie noch dunkel in Erinnerung hatte, vorzulesen. Beide erfahren nun, daß der Satz jetzt eine Veränderung erfahren hat und lautet: „Alle Tiere sind gleich, aber einige sind gleicher als andere". (S. 137).
Stumm und ergeben nimmt Clover diese Neuerung hin, und als menschliche Besucher, Nachbarfarmer eintreffen, um die Farm der Tiere zu besichtigen und mit den Schweinen im Farmhaus ein Gelage zu veranstalten, ist sie es, die die zögernden Tiere an das Farmhaus heranführt, damit sie durch die Fenster spähen und das ausgelassene Treiben der Schweine und der Farmer beobachten können.
Clover ist kein aktiv handelndes Tier, sondern lediglich ein Beobachter der Vorgänge. Sie macht sich zwar ihre eigenen Gedanken, beklagt stillschweigend auch die sich wandelnden Verhältnisse, trauert der guten, alten Zeit nach, aber unternimmt nichts, um das über die Tiere hereinbrechende diktatorische Verhalten der Schweine, die zur herrschenden Kaste werden, zu ändern oder zu unterbinden. Clover ist der Typ des Mitläufers, der betrübt, aber schweigend duldenden Volksmenge.

BENJAMIN

Auch der Esel Benjamin gehört jener passiven, schweigenden Minderheit an, die alles mit sich geschehen läßt und nicht aktiv in die Vorgänge eingreift. Er ist das älteste Tier der Farm, oft schlechtgelaunt und zu kritischen und zynischen Bemerkungen aufgelegt, dabei aber doch von einer beträchtlichen Gleichgültigkeit erfüllt.
„Old Benjamin, der Esel, hatte sich anscheinend durch die Revolution nicht von seiner früheren Haltung abbringen lassen. Er tat seine Arbeit auf die gleiche, langsame, zähe Art wie zur Zeit von Jones, drückte sich nicht, machte aber auch keine Überstunden. Zu

der Revolution und ihren Ergebnissen äußerte er sich nicht. Wenn man ihn fragte, ob er jetzt, da Mr. Jones fort war, nicht glücklicher sei, antwortete er nur: ‚Esel haben ein langes Leben. Keiner von euch hat je einen toten Esel gesehen', und die Tiere mußten sich mit dieser rätselhaften Antwort zufrieden geben." (S. 32).
Benjamin kann zwar lesen, aber er weigert sich, dies zu tun, „weil da einfach nichts Lesenswertes ist." Er ist davon überzeugt, daß trotz der Revolution das Leben so weitergehen wird wie bisher, weswegen er sich selten aus der Ruhe bringen läßt. Er meint das Leben zu kennen und verfällt deswegen weder in Begeisterung über die neuen Errungenschaften, die Siege und Triumphe der Revolution noch in Erstaunen über deren Mängel und Niederlagen. Wie Clover bleibt er zurückhaltend, abwartend, passiv, prangert zwar Mißstände an und kritisiert das System, aber greift niemals aktiv ein. Er ist der Vertreter der ein wenig teilnahmslosen, etwas hochmütig über den Dingen stehenden, intelligenten Mittelklassengesellschaft.

MOLLIE

Mollie, die törichte, aber reizende weiße Stute, die zuckerkauend dahertänzelt und ihre Mähne mit roten Bändern durchflicht (S. 7-8), ist das Sinnbild der eitlen, putzsüchtigen, nur auf sich selber und ihr eigenes Vergnügen, auf ihr Wohlergehen bedachten Weiblichkeit. Ihre einzige Sorge ist, ob es nach der Revolution noch Zucker geben wird und ob sie Bänder in der Mähne tragen darf (S. 19). Ideele oder gar klassenkämpferische Ziele kennt Mollie nicht; ihr Sinn ist auf Genuß, Bequemlichkeit, Schönheit, Schmuck und ein gutes Leben ausgerichtet. Eine gewisse Feigheit und Selbstsucht sind für sie charakteristisch: in der Schlacht vom Kuhstall, in der die anderen Tiere ihr Leben einsetzen, flieht sie in den entferntesten Winkel einer Futterkammer.:
„Wo ist Mollie?" rief jemand.
„Mollie war tatsächlich nicht da. Zunächst gab es großen Alarm, man fürchtete, die Menschen könnten ihr etwas Böses zugefügt

oder sie gar mitgeschleppt haben. Schließlich wurde sie im Stall versteckt gefunden, den Kopf in der heugefüllten Krippe vergraben. Sobald das Gewehr geknallt hatte, war sie geflohen" (S. 46).

„Je weiter der Winter vorrückte, desto schwieriger wurde Mollie. Morgen für Morgen kam sie zu spät zur Arbeit und entschuldigte sich, sie habe verschlafen. Auch klagte sie über geheimnisvolle Schmerzen, obgleich ihr Appetit ausgezeichnet war. Unter jedem Vorwand lief sie von der Arbeit weg, zumeist zur Tränke; dort blieb sie dann ganz albern stehn und betrachtete ihr Spiegelbild im Wasser. Doch man erzählte sich auch ernsthaftere Dinge von ihr. Eines Tages, als Mollie munter durch den Hof tänzelte, den langen Schweif hin und her schwang und an einem Heubündel kaute, nahm Clover sie beiseite. „Mollie", begann sie, „ich habe dir etwas sehr Ernstes zu sagen. Heute früh sah ich dich, wie du über die Hecke gespäht hast, die die Farm der Tiere vom Fuchswald trennt. Einer von Mr. Pilkingtons Leuten stand auf der anderen Seite der Hecke. Und — ich war wohl in einiger Entfernung, aber ich glaube bestimmt, daß ich ihn richtig gesehen habe — er sprach zu dir, und du hast ihm sogar erlaubt, dir die Nase zu streicheln. Was soll das bedeuten, Mollie?"

„Das hat er nicht getan! Ich war nicht dort! Es ist nicht wahr!" rief Mollie, bäumte sich und scharrte heftig.

„Mollie! Sieh mir ins Gesicht! Gibst du mir dein Ehrenwort darauf, daß der Mann dir nicht die Nase gestreichelt hat?"

„Es ist nicht wahr!" wiederholte Mollie, doch sie konnte Clover nicht ins Gesicht sehen, und im nächsten Augenblick wandte sie sich um und galoppierte querfeldein.

Ein Gedanke durchzuckte Clover. Ohne den andern ein Wort zu sagen, ging sie in Mollies Stall und durchsuchte mit ihrem Huf das Stroh. Und da lagen, wohl verborgen, ein kleines Häufchen Zucker und etliche Bänder in verschiedenen Farben.

Drei Tage später verschwand Mollie. Wochenlang wußte man nichts von ihrem Verbleib, dann aber berichteten die Tauben, sie hätten sie unweit von Willingdon gesehen. Sie war zwischen die Deichseln eines eleganten, rot und schwarz gestrichenen, zweirädrigen Wagens eingespannt, der vor einem Wirtshaus stand. Ein dicker Mann mit rotem Gesicht in karierten Hosen und Gamaschen, der wie ein Schenkwirt aussah, streichelte ihr die Nase und gab ihr Zucker. Sie war frisch geschoren und trug um ihre Stirnlocke ein scharlachfarbenes Band. Und sie schien sich bei all dem sehr wohl zu fühlen, sagten die Tauben. Keines der Tiere erwähnte jemals wieder Mollies Namen." (S. 47-49).

MOSES

Moses, der zahme Rabe, nimmt an der Versammlung der Tiere, während der die Revolution von Old Major proklamiert wird, nicht teil. Er sitzt auf einer Stange vor der Hintertüre und schläft (S. 8). Sein Reich ist nicht von dieser Welt. Er träumt zweifelsohne von einem geheimnisvollen jenseitigen Land, wohin alle Tiere nach ihrem Tode eingehen. „Es liege irgendwo himmelwärts, gleich hinter den Wolken, sagte Moses. In Kandiszuckerberg sei siebenmal in der Woche Sonntag, Klee blühe zu allen Jahreszeiten, und an den Hecken wachse Zucker und Leinsamenkuchen. Die Tiere haßten Moses, weil er ein Klatschmaul war und nicht arbeitete, aber einige unter ihnen glaubten doch an Kandiszuckerberg, und die Schweine hatten alle Mühe, um sie davon zu überzeugen, daß ein solches Land überhaupt nicht vorhanden sei" (S. 20).
Ständig sind die Schweine bemüht, die Lügen zu widerlegen, die Moses verbreitet. Mr. Jones hielt viel von ihm, weil er zugleich ein Spitzel und ein geschickter Redner war. Aber die Schweine haben ihre Not mit ihm. Sie fürchten, daß er das Interesse der Tiere von den irdischen Aufgaben ablenken und ihnen dafür ein fernes Land der Verheißung vorgaukeln würde. Dies paßt natürlich nicht in das Konzept der Schweine, deren Ziel die Verwirklichung des Animalismus ist. So sind sie denn froh, als Moses während des eigentlichen Umsturzes und der Aufbaujahre danach verschwindet und sich vorerst nicht wieder blicken läßt. Aber nach einer längeren Zeit der Abwesenheit kehrt er, nachdem die revolutionären Verhältnisse sich etwas beruhigt haben, wieder zurück.

„Mitten im Sommer tauchte Moses, der Rabe, nach einer Abwesenheit von mehreren Jahren plötzlich wieder auf der Farm auf. Er war ganz unverändert, arbeitete noch immer nichts und sprach wie eh und je vom Kandiszuckerberg. Er flatterte auf einen Baumstamm, schwenkte, die schwarzen Flügel und sprach stundenlang zu allen, die hören wollten. „Dort oben, Kameraden“, sagte er feierlich und wies mit dem aufgerissenen Schnabel zum Himmel, „dort oben, gerade jenseits dieser dunklen Wolke, die ihr sehen könnt, dort liegt Kandiszuckerberg, jenes glückliche Land, wo wir armen Tiere uns für immer von unserer Mühsal ausruhen werden!“ Er behauptete sogar, er sei auf einem seiner Höhenflüge dort gewesen und haben die ewigen Kleefelder gesehen und den Leinsamenkuchen und die Zuckerstücke, die an den Hecken wüchsen. Viele unter den Tieren glaubten ihm. Ihr Leben, meinten sie, sei heute nichts als Hunger und Arbeit; sei es nicht nur gerecht, daß irgendwo, anderwärts, eine bessere Welt existiere? Nicht leicht zu erklären war die Haltung der Schweine Moses gegenüber. Sie erklärten durchwegs verächtlich, diese Geschichten von Kandiszuckerberg seien nichts als Lügen, aber sie erlaubten ihm dennoch, auf der Farm zu bleiben, nicht zu arbeiten und täglich einen Achtelliter Bier zu beziehen“ (S. 119).
Moses, dessen biblischer Name und schwarzes Gefieder schon andeuten, wen Orwell meint, ist ein Symbol der orthodoxen Kirche. Kommunismus und Christentum schließen sich gegenseitig aus, und wie in Rußland nach der Oktoberrevolution Christen verdächtigt und verfolgt, Kirchen geschlossen und in Museen verwandelt wurden, so prangern die Schweine Moses' Verkündigungen als Phantasien und Lügen an. Und wie sich das Christentum später in Rußland unter der Machtherrschaft des Marxismus in die innere Emigration zurückziehen mußte, zieht auch Moses sich zurück und verschwindet für mehrere Jahre.

Erst nachdem sich das kommunistische Regime etwas konsolidiert hatte, nahm Stalin 1944 gewisse Beziehungen zur katholischen Kirche wieder auf, schrieb versöhnliche Briefe an den Papst und erlaubte der orthodoxen Kirche in Rußland eine beschränkte Ausübung ihrer Tätigkeit. So kehrt auch Moses wieder zur Farm der Tiere zurück, verkündet seine Geschichten vom Kandiszuckerberg und findet einige gläubige Zuhörer. Die Schweine lassen ihn gewähren, obgleich sie nach wie vor seine Erzählungen als Lügen bezeichnen.

Mr. JONES

Neben seinen Nachbarn, den Farmern Frederick und Pilkington sowie dem Rechtsanwalt Mr. Whymper, die alle nur Randfiguren sind, ist Mr. Jones die einzige menschliche Gestalt, die in der Fabel „Farm der Tiere" eine größere Rolle spielt.
Mr. Jones war einst ein fähiger Farmer gewesen, hatte sich aber in Rechtsstreitigkeiten verwickelt, in Prozessen Geld verloren und sich daraufhin der Trunksucht ergeben. Er vernachlässigt die Farm, behandelt die Tiere schlecht, läßt sie hungern und wird schließlich samt seiner Frau und seinen Knechten von der Farm vertrieben, die danach in den Besitz der Tiere übergeht. Eine Zeitlang nach seiner Vertreibung pflegt er im Red Lion Inn in Willingdon zu sitzen und sich bei jedermann über das Unrecht zu beklagen, das ihm durch den schreienden Undank der nichtsnutzigen Tiere zugefügt worden ist. Einmal macht er mit Unterstützung seiner Nachbarn den Versuch einer Rückeroberung der Farm, wird aber von Schneeball und Boxer zurückgeschlagen und verzieht sich anschließend in einen anderen Teil des Landes. Er stirbt zuletzt in einem Trinkerasyl (S. 129). Immer wieder wird in Tieren durch die Propaganda von Quiekschnauz Mr. Jones als Schreckgespenst, Vergewaltiger, Unterdrücker hingestellt. Es wird ihnen klargemacht, daß sie dem neuen Regime zu Dank verpflichtet seien, weil dieses sie von der ehemaligen Herrschaft befreit habe. Auch nach der Vertreibung von Mr. Jones wird die Möglichkeit seiner Rückkehr als ständige Drohung aufrechterhalten, ungeachtet der Tatsache, daß das neue Regime um keinen Deut besser ist als das frühere, daß die Diktatur Napoleons eine weit härtere ist als es die des Mr. Jones je gewesen war.
„Wenn es etwas gab, dessen die Tiere vollkommen sicher waren, so dies: sie wollten Jones nicht zurückkommen sehen" (S. 38).

„Nein, Kameraden, ihr wollt doch gewiß nicht, daß Jones wiederkehrt? Nein, Jones' Rückkehr wollten die Tiere gewiß nicht." (S.59)
Je mehr Zeit seit der Vertreibung von Mr. Jones verstreicht, desto mehr schwindet in den Tieren die Erinnerung an ihn und an das Leben unter seiner Herrschaft, so daß sie kaum noch Vergleichsmöglichkeiten zwischen ihrer gegenwärtigen Situation und ihrer früheren Lage haben.
Gerade das aber beabsichtigt das neue Regime: es baut ein Feindbild auf, das die gegenwärtige Situation der harten Arbeit und des Mangels, der zunehmenden Versorgungsschwierigkeiten noch als erträglich, ja sogar als besser als früher erscheinen lassen soll.
„Was die Tiere anlangte, so verstrich ihr Leben wie es immer verstrichen war. Sie waren zumeist hungrig, sie schliefen auf Stroh, sie tranken aus dem Teich, sie arbeiteten auf den Feldern; im Winter plagte sie Kälte und im Sommer plagten sie die Fliegen. Manchmal marterten die älteren unter ihnen ihr verschwommenes Gedächtnis, und sie versuchten festzustellen, ob es in den frühen Tagen der Revolution, kurz nach der Vertreibung Jones', besser gewesen sei oder nicht. Aber sie konnten sich nicht erinnern. Es gab nichts, was sie mit ihrem jetzigen Leben vergleichen konnten; sie konnten sich nur an Quiekschnauz' Ziffern halten, die unabänderlich bewiesen, daß alles jetzt immer besser und besser gehe . . ." (S.132)
„Die Tiere hatten keinen Grund, ihm nicht zu glauben, zumal sie sich nicht mehr ganz klar an die Lebensbedingungen vor der Revolution erinnerten. Immerhin kamen Tage, an denen sie meinten, sie hätten lieber weniger Zahlen und mehr Futter" (S.94).
„Ihre Erinnerung an Jones und alles, was mit ihm zusammenhing, war fast erloschen. Sie wußten, daß das Leben heute rauh und ärmlich war, daß sie oft froren und oft hungerten, daß sie zumeist arbeiteten, wenn sie nicht gerade schliefen. Aber in der alten Zeit war es ohne Zweifel schlimmer gewesen. Der Glaube daran machte sie glücklich. Zudem waren sie in jenen Tagen Sklaven gewesen, und jetzt waren sie frei . . . (S.114).
„Wenn sie hungrig blieben, so geschah es nicht, weil sie tyrannische Menschenwesen füttern mußten; wenn sie hart arbeiteten, so

arbeiteten sie wenigstens für sich selber. Kein Geschöpf nannte ein anderes Geschöpf seinen „Herrn". Alle Tiere waren gleich" (S. 134).
Aber das neue Regime erweist sich bald als ebenso hart, ja härter als das des Mr. Jones. Die Schweine übernehmen die Rolle von Funktionären, schwingen sich zu Herren auf und ersetzen das alte Establishment durch ein neues. Meinungsfreiheit gibt es nicht, Hunger und Peitsche regieren nach wie vor; wilde, knurrende Hunde streichen umher, Exekutionen gehören zur Tagesordnung — das ist das, was die Tiere sich an Stelle des Feudalismus des Mr. Jones in ihrem Vertrauen auf die Segnungen der Revolution eingehandelt haben.
Mr. Jones repräsentiert das feudale Herrschertum des Zarismus, das der Kommunismus abgeschafft und durch seine angebliche „Volksbefreiung" und „Volksbeglückung", in Wahrheit aber durch eine neue Zwangsherrschaft und Tyrannei ersetzt hat. Er repräsentiert aber auch das „Schreckgespenst" des Kapitalismus und Imperialismus, das manche totalitäre Diktaturen als Popanz aufbauen, um ihre eigenen Machtbestrebungen und Unterdrückungsmethoden zu verdecken, um ein Feindbild und Angriffsziel zu haben, gegen das sie ihre Untergebenen mobilisieren können.

IV. HISTORISCHE UND POLITISCHE BEZÜGE

George Orwells „Farm der Tiere“ ist eine politische Satire auf den Sozialismus und Kommunismus. Der unmittelbare Bezug ist gegeben durch eine verhüllte Darstellung der russischen Revolution vom 12. Oktober 1917 (S. 47: 12. Oktober, Jahrestag der Schlacht vom Kuhstall), als die Bolchewisten sich gegen das zaristische Regime erhoben, den Zaren vertrieben, ermordeten und selbst die Herrschaft übernahmen. Der Aufstand der Tiere gegen Mr. Jones, seine Vertreibung und die Übernahme der „Herrenfarm“ als „Farm der Tiere“ ist eine direkte Parallele zu diesem historischen Vorgang: „Unterdessen hatten die Tiere Jones und seine Leute bis zur Straße gejagt und schlugen die fünffach verriegelte Zauntür hinter ihnen zu. Und so war, bevor sie noch wußten, was sich ereignete, die Revolution gelungen: Jones war verjagt, und die ‚Herrenfarm‘ gehörte ihnen“ (S. 22).

„Dann nahm Schneeball eine Bürste zwischen die Hufe, strich das Wort ‚Herrenfarm‘ auf dem obersten Brett des Tores aus und malte an dessen Stelle ‚Farm der Tiere‘. Von nun an sollte dies der Name der Farm sein“ (S. 26).

Die Inthronisierung des „Animalismus“ in Orwells „Farm der Tiere“ entspricht der Inthronisierung der Lehre von Karl Marx und seines Schülers Wladimir Iljitsch Uljanow, genannt Lenin. Die alte Autokratie sollte vernichtet werden, damit alle genug zu essen und zu leben haben sollten; Lenins Ziel war die klassenlose Gesellschaft, in der eines Tages der Staat selber „absterben“ und damit das Ideal der marxistischen Gesellschaft verwirklicht würde. In seinen „Aprilthesen“ forderte er eine Republik der Sowjets, die Nationalisierung von Grund und Boden, die Abschaffung von Polizei und Armee und die Gleichstellung aller Bürger. Er wurde Chef der neuen Regierung und versprach den Aufbau einer kommunistischen Gesellschaft.

In Old Major sind Züge von Marx und Lenin vereint: „Warum fahren wir fort, auf so klägliche Art zu leben? Weil uns fast das gesamte Produkt unserer Arbeit von den Menschenwesen gestohlen wird. Darin, Kameraden, liegt die Antwort auf alle unsere Probleme. Sie

erschöpft sich in dem einzigen Wort — Mensch. Der Mensch ist der einzige wirkliche Feind, den wir haben. Vertreibt den Menschen vom Schauplatz, und die Ursache von Hunger und Überarbeitung ist für immer behoben" (S. 9-10).
„Kein Tier ist frei. Das Leben eines Tieres ist Elend und Sklaverei. Das ist die simple Wahrheit" (S. 9).
Daher die Verkündung von Lenins „Aprilthesen", daher die Verkündung der „Sieben Gebote": „Alle Tiere sind gleich" (S. 27).
Nach Old Majors Tod wird sein Schädel, „von Fleisch entblößt, ausgegraben und auf einem Stumpf am Fuß des Flaggenmastes aufgestellt, neben dem Gewehr. Nach dem Hissen der Flagge hatten die Tiere ehrfürchtig an dem Schädel vorüberzuziehen" (S. 60); so wird Old Major als verehrungswürdiges Objekt für das Volk der Tiere ebenso zur Schau gestellt wie der einbalsamierte Leichnam Lenins auf dem Roten Platz in Moskau.
So wie die Gefahr einer Gegenrevolution im Jahre 1921 in Rußland gebannt wurde und später die Westmächte diplomatische Beziehungen mit dem kommunistischen Regime aufnahmen, wird der Angriff von Mr. Jones und der Nachbarfarmer auf die Farm der Tiere zum Zweck der Rückeroberung der Farm zurückgeschlagen (S. 42-47); so nehmen später die Nachbarfarmer Frederick und Pilkington Beziehungen zu Napoleon und den neuen „Herren" der Farm auf (S. 66).
Kaum hatte sich die Revolution in Rußland richtig durchgesetzt, wurden die kommunistischen Führer mit wirtschaftlichen Problemen konfrontiert: die Landwirtschaft lag völlig darnieder, die Industrie war auf einem viel tieferen Stand als sie vorher je gewesen war, der Mangel an Versorgungsgütern war bedrohlich, Hungersnot drohte. Lenin berief sich auf das Hauptprinzip des Sozialismus: „Wer nicht arbeitet, der soll auch nicht essen." Immer mehr Arbeit, härtere Arbeit wurde gefordert; Lenin ließ zahlreiche Ausschüsse bilden und das ganze Land von organisierten Gruppen nach Getreide und arbeitsunwilligen Elementen durchkämmen. Dabei pries man enthusiastisch die neue Ordnung, das kollektive System, die Kolchosenwirtschaft, suchte Begeisterung für die „volkseigenen Betriebe" zu erwecken, in denen jeder Genosse seinen Fä-

higkeiten entsprechend arbeiten und „freiwillige“ Zusatzarbeit leisten sollte.
(Vergl. „Farm der Tiere“ S. 77: „Es war, als ständen sie der Hungersnot gegenüber.“ — S. 31: „Boxer erledigte freiwillig jene Arbeiten, die am dringendsten schienen.“ — S. 76: Sein Ruf war: „Ich will noch härter arbeiten.“ — S. 95: Die Hühner legten unter der Leitung ihres Führers „freiwillig“ mehr Eier. — S. 23 und 30: „Die Farm gehörte nun ihnen. Jedes bißchen Futter war eine wahre Lust, denn nun war es wirklich ihr eigenes Futter, von ihnen selbst und für sie selbst produziert.“ — S. 131: „Das wahre Glück, sagte Napoleon, liege in harter Arbeit und genügsamem Leben.“)
„Die Aufgabe, mit der trostlosen Situation der russischen Wirtschaft zu Rande zu kommen, hätte die Kräfte jeder Regierung voll und ganz beansprucht, aber die Bolschewisten strebten gleichzeitig eine Änderung der Gesellschaftsstruktur an. Sie forderten das Volk auf, das eigene Profitdenken aufzugeben und statt dessen zum Wohle ihrer Mitmenschen heroische Anstrengungen zu unternehmen und eine neue, bessere Gesellschaft aufzubauen. Die Durchsetzung dieses Ziels, den „neuen, sozialistischen Menschen“ zu schaffen, sollte mit allen Mitteln erreicht werden. Und so entstand ein gewaltiger bürokratischer Apparat von Funktionären, der den Alltag des Volkes immer bedrückender gestaltete.“ (Alan Bullock, Rußland gestern und heute, Humboldt-Taschenbuch Nr. 75, München 1971, S. 88).
Zwischen 1921 und 1924 — seinem Todesjahr — gelang es Lenin, ein geringfügiges Gedeihen und einen gewissen „Wohlstand“ seines „Reiches“ zu erreichen, aber in Bezug auf die Freiheit und besseren Lebensumstände hatte sich seit der Zarenzeit nichts geändert; der Zwang, die Bespitzelung und Unterdrückung waren eher noch schlimmer geworden. Die Periode der Konsolidierung schildert Orwell im dritten Kapitel seines Buches „Farm der Tiere“, die der zunehmenden Unterdrückung durch die neuen Machthaber in den Kapiteln 7—9.
Nach Lenins (Old Majors) Tod folgte eine erbitterte Auseinandersetzung zwischen dem georgischen Revolutionär Josef Wissarionowitsch Dschugaschwili, der den Namen Stalin (der Stählerne) an-

genommen hatte, 1922 Generalsekretär der Partei wurde und seine unumschränkte Macht aufbaute (Napoleon) und dem Parteiführer Trotzki, dem Organisator der Roten Armee (Schneeball). Sie führte zur Vertreibung Trotzkis, der 1926 sein Amt als Volkskommissar der Roten Armee verlor, aus der Sowjetunion, der die Vertreibung Schneeballs von der Farm der Tiere entspricht.

Dem 1927 auf dem XV. Parteitag der kommunistischen Partei beschlossenen Fünfjahresplan, bei dem der Herstellung von Energie produzierenden Maschinen und Industriegütern der Vorrang vor der Produktion von Konsumgütern eingeräumt wurde, entspricht der Plan der Errichtung des Energie liefernden Windmotors in Orwells „Farm der Tiere" (S. 51 ff.).

Natürlich gab es Widestände und Auflehnungen gegen den Fünfjahresplan; sie werden von Orwell in der „Eierrevolte" der Hennen dargestellt (S. 79).

Stalins brutale Gegenmaßnahmen finden ihre Parallele in den harten Anordnungen Napoleons (S. 79).

Der Erkenntnis Stalins, daß eine völlige wirtschaftliche Gesundung und Autarkie der UdSSR nicht zu erreichen war und daß er deshalb Handelsbeziehungen zu den verhaßten Staaten der freien westlichen Welt, selbst zu den Vereinigten Staaten von Nordamerika, anknüpfen mußte, entspricht in Orwells Fabel Napoleons Aufnahme von Handelsbeziehungen zu seinen Nachbarfarmern. Darüber hinaus fanden sogar „freundschaftliche" Begegnungen der weltanschaulich so konträren Partner statt, so das Treffen Stalins mit Churchill und Roosevelt und anderen westlichen Politikern (Teheran 1943, Jalta 1945, Potsdam 1945) — es spiegelt sich wider in der Schlußszene des zehnten Kapitels, in der die Party geschildert wird, die Napoleon zusammen mit den Nachbarfarmern feiert (S. 138 ff.) und während der die Opponenten, Tiere und Menschen, sich immer mehr und mehr angleichen und gemeinsame Gesichtszüge annehmen. In ihrem Haß gegen Deutschland und in ihrem Willen zur Vernichtung Deutschlands und Ausrottung des Nationalsozialismus waren auch die ideologisch sich fernstehenden Siegermächte des Jahres 1945 sich durchaus einig.

Die Koexistenzpolitik, die der 1957 zur Alleinherrschaft gelangte Chruschtschow nach Stalins Tod fortsetzte, führte ihn 1961 mit Präsident Kennedy in Wien, und seinen Nachfolger Kossygin 1967 mit Präsident Johnson in Glassboro zusammen; sie wird in Orwells Fabel, die ja schon Ende 1945 erschien, vorweggenommen in den Sätzen: „Napoleon sagte (zu den Nachbarfarmern), er sei glücklich, daß die Periode der Mißverständnisse vorüber sei. Lange Zeit habe es Gerüchte gegeben, als wäre in seiner und seiner Kollegen Weltanschauung irgend etwas Umstürzlerisches oder Revolutionäres. Man habe ihnen sogar zugetraut, daß sie vorhätten, die Tiere der Nachbarfarmen zur Revolution aufzureizen. Nichts konnte der Wahrheit ferner sein! Ihr einziger Wunsch heute und in der Vergangenheit sei, mit den Nachbarn in Frieden und normalen geschäftlichen Beziehungen zu leben" (S. 141—142). Aber solche Worte sind nur eine Tarnung der eigenen Machtgelüste und imperialistischen Ausdehnungsbestrebungen. Die Schlußsätze der Fabel (S. 144) zeigen denn auch, daß es mit der Versöhnung und dem Frieden zwischen den Partnern nicht weit her ist.
George Orwell persifliert nicht nur die historischen Ereignisse der russischen Revolution, sondern auch die bekannten Praktiken des Sozialismus zur Durchsetzung seiner Bestrebungen und Aufrechterhaltung seiner Macht. Bei einer genauen Betrachtung der Orwellschen Fabel ergeben sich zahlreiche aufschlußreiche Parallelen.
Da sind zuerst zu erwähnen die absolute Einschränkung der Meinungs- und Redefreiheit, die ständige Bespitzelung und Bedrohung, die Forderung eigener Schuldbekenntnisse, die harte Bestrafung von Abweichlern, die grausamen Methoden der Vertreibung, Verbannung und Exekution: „Sie mußten eine Zeit erleben, da keiner seine Meinung auszusprechen wagte, da wilde, knurrende Hunde überall umherstrichen und man mit mitansehen mußte, wie Kameraden in Stücke gerissen wurden, nachdem sie empörende Verbrechen gebeichtet hatten" (S. 90).
„Mit schrecklicher Stimme fragte Napoleon, ob kein Tier etwas zu gestehen habe. Er forderte die Tiere auf, ihre Verbrechen zu bekennen. Als sie ihre Beichte beendet hatten, zerfleischten die Hunde

ihnen augenblicklich die Kehlen ... Drei Hühner erklärten, Schneeball sei ihnen im Traum erschienen und habe sie dazu aufgereizt, Napoleons Befehlen nicht zu gehorchen. Auch sie wurden geschlachtet ... Dann beichtete eine Gans und ein Schaf ... Sie alle wurden auf der Stelle geschlachtet. Und so gingen die Geständisse und Hinrichtungen weiter, bis ein Leichenhaufen vor Napoleons Füßen lag und die Luft vom Blutgeruch schwer war — ein Ereignis, unerhört seit Jones' Vertreibung" (S. 87—88).
Da sind ferner zu erwähnen die immer wieder erzwungene „Linientreue" und „einstimmige" Zustimmung zu den Anordnungen des „Führers", der „immer recht hat", die „freiwillige" Mehrarbeit und Leistungssteigerung zum Wohle des Animalismus und die ständige Versicherung, daß das gegenwärtige animalistische System besser sei als das frühere und schließlich die Erweckung utopischer Hoffnungen im Hinblick auf eine „herrliche" Zukunft nach dem totalen Sieg des Animalismus: Wahlen bringen nicht nur „einstimmige" Ergebnisse (S. 118), sondern auch eine bedingungslose Zustimmung zu den Anordnungen der obersten Führung, zu den Befehlen Napoleons: „Wenn Kamerad Napoleon etwas sagt, muß es wahr sein", sagte Boxer. „Das ist der rechte Geist, Kamerad!" rief Quiekschnauz (S. 85). Nicht nur Boxer entschließt sich härter und mehr zu arbeiten als je zuvor, sondern allen Tieren schien es, „als arbeiteten sie länger und seien nicht besser genährt als zu Jones' Tagen" (S. 94). Die Hühner beschließen, mehr Eier zu legen, und häufig konnte man ein Huhn zum andern sagen hören: „Unter der Leitung unseres Führers, Kamerad Napoleons, habe ich in sechs Tagen fünf Eier gelegt!" (S. 95). Immer wieder wird den Tieren von Quiekschnauz erklärt und anhand von Tabellen und Statistiken bewiesen, daß jetzt alles besser sei als früher (S. 132), und die Tiere hatten ihm zu glauben: „Der Republik der Tiere, die Major vorausgesagt hatte, galt noch immer all ihr Glaube. Eines Tages würde sie kommen; vielleicht nicht allzubald, vielleicht nicht zur Zeit der heutigen Tiergeneration, aber sie würde dennoch kommen" (S. 133).
So werden die Tiere durch Versprechungen, Drohungen, Gewaltmaßnahmen, ständige Beaufsichtigung und Bespitzelung, Bestra-

fung, durch Zucker und Peitsche bei der Stange gehalten: „Galt es auch Härten zu ertragen, so wurden sie zum Teil dadurch ausgeglichen, daß das Leben heute mehr Würde besaß als früher. Es gab mehr Gesänge, mehr Reden, mehr Umzüge. Napoleon hatte befohlen, daß einmal in der Woche etwas stattzufinden habe, was eine „spontane Demonstration" genannt wurde, deren Zweck es war, die Kämpfe und Triumphe der Farm der Tiere zu feiern. Zu einer bestimmten Stunde hätten die Tiere ihre Arbeit zu verlassen und in militärischer Formation, an der Spitze der Schweine, dann die Pferde, dann die Kühe, dann die Schafe und schließlich das Geflügel, rund um das Gebiet der Farm zu marschieren. Die Hunde strichen links und rechts vom Zuge umher, und allen voran zog Napoleons schwarzer Hahn. Boxer und Clover trugen miteinander ein grünes Banner mit dem Huf und dem Horn und der Inschrift „Lang lebe Kamperad Napoleon!" Die Schafe waren die begeistertsten Mitläufer bei den „spontanen Demonstrationen" (S. 117).
Wer denkt nicht bei dieser Schilderung an die befohlenen Aufmärsche und „spontanen" Beifallskundgebungen, an die organisierten Massenumzüge in den sozialistischen Ostblockstaaten, wer nicht an Goethes Verse:

> „Und auf vorgeschrieb'nen Bahnen
> Zieht die Menge durch die Flur;
> Den entrollten Lügenfahnen
> folgen alle — Schafsnatur!"

Die von den Tieren gewählte grüne Flagge mit den Emblemen Huf und Horn (S. 33) ist eine Anspielung auf die mit Hammer und Sichel geschmückte Flagge der UdSSR und die mit Hammer und Zirkel gekennzeichnete Flagge der DDR. Die „Nationalhymne" der Internationale findet ihre Entsprechung in der Hymne „Tiere von England" (S. 15) und in der späteren des Dichters Minimus „Farm der Tiere, glückliche Farm" (S. 92). Die Lob- und Preislieder auf Napoleon (S. 96, S. 117), die „dem allgemeinen Empfinden Ausdruck geben", sind Satiren auf die Lobeshymnen, die von linientreuen „Dichtern" auf Lenin, Stalin und Hitler angestimmt wurden. Auch der Ordenssegen („Tierbild erster Klasse“ S.99, „Tierheld zweiter Klasse“ S.74, „Orden vom grünen Banner“ S.109, Orden, die Napoleon sich selbst verleiht), parodiert die Ordensflut, welche die „Helden der Sowjetunion“ ziert. Daß Funktionäre und totalitäre Machthaber, die vom Volk „harte Arbeit und ein genügsames Leben“ fordern (S.131), nach einer gewissen Zeit sich selber die Nächsten sind und Genüsse, die sie ursprünglich verurteilten, selber auskosten, kennzeichnet Orwell durch die Schilderungen der Wandlung Napoleons vom angeblich selbstlosen Propagandisten der Revolution zum „Herrenmenschen“, der Züge und Gewohnheiten des von ihm vertriebenen Farmbesitzers Mr. Jones annimmt. Siehe hierzu die Seiten 109, 110, 115—118, 129, 137—138.

Daß die Schweine als die neuen Machthaber der Farm sich immer neue Rechte anmaßen, zeigen die Sätze: „Um diese Zeit wurde auch eine neue Verordnung erlassen: wenn ein Schwein und ein anderes Tier einander auf dem Wege begegneten, dann mußte das andere Tier zur Seite treten. Auch hatten alle Schweine, welchen Ranges auch immer, das Vorrecht, sonntags ein grünes Band am Schwanz zu tragen“ (S.115).

„Nun war es auch nicht weiter befremdend, als am nächsten Tage die Schweine, die die Arbeit der Tiere beaufsichtigten, Peitschen zwischen den Beinen hielten. Es war nicht weiter befremdend, zu erfahren, daß die Schweine einen Radioapparat gekauft hatten, ein Telefon einrichten ließen und „John Bull“, „Tit-Bits“ und den „Daily Mirror“ abonnierten. Es war nicht befremdend, Napoleon, eine Pfeife im Rüssel, durch den Garten des Farmhauses schlendern zu sehen, ja, auch nicht, zu sehen, daß die Schweine Mr. Jones' Kleider aus den Schränken holten und anzogen; Napoleon selbst erschien in schwarzem Rock, schmutzigen Reithosen und Ledergamaschen, während seine Lieblingssau sich in dem schimmernden Seidenkleid zeigte, das Mrs. Jones gewöhnlich sonntags getragen hatte“ (S.137).

Selbst die Tatsache, daß Diktatoren mitunter Attentaten ausgesetzt sind, wird in Orwells Fabel angesprochen. Schneeball und seine Geheimagenten werden verdächtigt, einen Mordanschlag gegen Napoleon zu planen, Gift in sein Futter zu mischen und andere

Tiere zu einem Komplott gegen Napoleon zu verleiten: „Im Hochsommer wurden die Tiere durch die Nachricht alarmiert, daß drei Hühner sich meldeten, um zu beichten, sie hätten, von Schneeball angestachelt, ein Komplott geschmiedet, um Napoleon zu ermorden. Sie wurden unverzüglich hingerichtet, und man ergriff neue Vorsichtsmaßnahmen zu Napoleons Sicherheit. Vier Hunde bewachten nachts sein Bett, jeder an einem Pfosten, und ein junges Schwein namens Rosenaug wurde damit betraut, alles Futter zu kosten, bevor Napoleon es fraß, um einen Giftmord zu verhindern" (S. 97).

Es dürfte dem aufmerksamen Leser der Orwellschen Fabel „Farm der Tiere" nicht schwerfallen, weitere Parallelen zu den Verhaltensweisen und Praktiken totalitärer Staaten sowie zum Machtmißbrauch Stalins und Hitlers aufzufinden. Orwell selbst äußerte sich am 15. Februar 1948 im „Observer" zum Problem seines Buches wie folgt:

„Placed as they were, the Russian Communists necessarily developed into a permanent ruling caste or oligarchy, recruited not by birth but by adoption. Since they could not risk the growth of opposition, they could not risk genuine criticism, and since they silenced criticism they often made avoidable mistakes; then, because they could not admit that their mistakes were their own, they had to find scapegoats (Sündenböcke), sometimes on an enormous scale."

MATERIALIEN

VERGLEICHSTEXTE

Es ist aufschlußreich, bestimmte Texte aus George Orwells Fabel „Farm der Tiere" mit solchen aus Orwells Roman „Neunzehnhundertvierundachtzig" zu vergleichen.
Die Texte aus „Farm der Tiere" werden zitiert nach der Taschenbuchausgabe (detebe 63/1) des Diogenes Verlages, Zürich 1974; die Texte aus „Neunzehnhundertvierundachtzig" nach der Taschenbuchausgabe (Ullstein Buch Nr. 3253) des Verlages Ullstein, Frankfurt a.M. 1976.

War das Leben vor der Revolution besser oder schlechter?

Text: Farm der Tiere, S. 132.
„Manchmal marterte die älteren Tiere ihr verschwommenes Gedächtnis, und sie versuchten festzustellen, ob es in den frühen Tagen der Revolution, kurz nach der Vertreibung Jones', besser gewesen sei oder nicht. Aber sie konnten sich nicht erinnern. Es gab nichts, was sie mit ihrem jetzigen Leben vergleichen konnten: sie konnten sich nur an Quiekschnauz' Ziffern halten, die unabänderlich bewiesen, daß alles jetzt immer besser und besser gehe.
Ihr Leben verstrich, wie es immer verstrichen war. Sie waren zumeist hungrig, sie schliefen auf Stroh, sie tranken aus dem Teich, sie arbeiteten auf den Feldern; im Winter plagte sie die Kälte und im Sommer plagten sie die Fliegen."

Text: Farm der Tiere, S. 93/94.
„Es gab Zeiten, da es den Tieren schien, als arbeiteten sie länger und seien nicht besser genährt als zu Jones' Tagen vor der Revolution. Sonntag morgens las Quiekschnauz ihnen eine endlose Liste von Ziffern vor, die bewiesen, daß die Produktion von Futtermitteln jeder Art um zweihundert, dreihundert oder fünfhundert Prozent an-

gestiegen sei. Die Tiere hatten keine Grund, ihm nicht zu glauben, zumal da sie sich nicht mehr ganz klar an die Lebensbedingungen vor der Revolution erinnerten. Immerhin kamen Tage, an denen sie meinten, sie hätten lieber weniger Zahlen und mehr Futter."

Text: Neunzehnhundertvierundachtzig, S. 84—88.
„Sie sind sehr viel älter als ich", sagte Winston. „Sie müssen schon ein erwachsener Mann gewesen sein, ehe ich geboren wurde. Sie können sich sicher erinnern, wie es vor der Revolution ausgesehen hat. Menschen in meinem Alter wissen wirklich gar nichts von dieser Zeit. Wir können nur in Büchern davon lesen, und was in den Büchern steht, stimmt vielleicht nicht. Ich wüßte gerne Ihre Meinung darüber. In den Geschichtsbüchern wird behauptet, daß das Leben vor der Revolution vollständig anders gewesen sei als heute. Die schreckliche Unterdrückung, Ungerechtigkeit, Elend — schlimmer als alles, was wir uns vorstellen können. Hier in London hatte die große Masse des Volkes von der Wiege bis zum Grabe nie genug zu essen. Die Hälfte der Menschen besaß nicht einmal Schuhe an den Füßen. Sie arbeiteten zwölf Stunden am Tag, gingen mit neun Jahren von der Schule ab, schliefen zu zehnt in einem Zimmer. Und gleichzeitig gab es einige wenige, nur ein paar Tausend — Kapitalisten wurden sie genannt —, die reich und mächtig waren. Ihnen gehörte alles, was man nur besitzen konnte. Sie wohnten in großen prächtigen Häusern mit dreißig Dienstboten, fuhren in Automobilen und vierspännigen Wagen umher, tranken Champagner, trugen Zylinder."
Der alte Mann wurde auf einmal lebendig. „Zylinder!" rief er aus. „Komisch, daß Sie das erwähnen. Dasselbe fiel mir erst gestern ein, ich weiß nicht, warum. Ich dachte nur eben, daß ich seit Jahren keine Zylinder mehr gesehen hab'. Einfach von der Bildfläche verschwunden sind sie. Das letztemal, daß ich einen auf hatte, war beim Begräbnis meiner Schwägerin. Und das war — nun, ich könnte Ihnen das Datum nicht nennen, aber es muß fünfzig Jahre her sein. Natürlich war er nur für die Gelegenheit ausgeliehen, Sie verstehen."

„Das mit den Zylindern ist nicht sehr wichtig", sagte Winston geduldig. „Der springende Punkt ist, daß diese Kapitalisten — zusammen mit ein paar Juristen, Pfarrern und so weiter, die von ihnen lebten — die Herren dieser Erde waren. Alles war für sie da. Die anderen — das einfache Volk der Arbeiter — waren ihre Sklaven. Sie konnten mit ihnen machen, was sie wollten. Sie konnten sie nach Kanada verschiffen wie das liebe Vieh. Sie konnten mit ihren Töchtern schlafen, wenn es ihnen paßte. Sie konnten die Leute mit einem Ding, das die neunschwänzige Katze hieß, auspeitschen lassen. Man mußte vor ihnen die Mütze ziehen. Jeder Kapitalist ging mit einem Trupp Lakaien umher, die —"
Der alte Mann wurde wiederum lebhafter. „Lakaien!" sagte er. „Das ist auch ein Wort, das ich ewig nicht mehr gehört habe. Lakaien! Das versetzt mich richtig nach damals zurück, doch, bestimmt. Ich erinnere mich — ach, es ist furchtbar lange her —, da ging ich manchmal am Sonntagnachmittag in den Hydepark, um die Brüder ihre Reden schwingen zu hören. Heilsarmee, Katholiken, Juden, Inder — alles war vertreten. Und da war ein Apostel — nee, ich könnte nicht mehr sagen, wie er hieß, aber ein wirklich mitreißender Redner, ja, mitreißend, das war er. Er besorgte es den Burschen nicht schlecht. ‚Lakaien', sagte er, ‚Lakaien der Bourgeoisie! Speichellecker der herrschenden Klasse!' Parasiten — das war ein anderes Lieblingswort von ihm. Und Hyänen — er hat sie ohne weiteres Hyänen genannt. Er sprach natürlich von der Labour-Partei, verstehen Sie."
Winston hatte das Gefühl, daß sie aneinander vorbeiredeten.
„Was ich wirklich wissen wollte", sagte er, „war, ob Sie das Gefühl haben, daß jetzt mehr Freiheit herrscht als in jenen Zeiten. Werden Sie mehr wie ein Mensch behandelt? In den alten Zeiten waren die Reichen, die Leute an der Spitze —."
„Das Oberhaus", warf der alte Mann aus seiner Erinnerung in die Debatte.
„Das Oberhaus, wenn Sie so wollen. Was ich nun gerne wissen möchte: Waren diese Leute imstande, einen deshalb als Tieferstehenden zu behandeln, einfach, weil sie reich waren und man selber arm? Ist es zum Beispiel Tatsache, daß man sie mit ‚Gnädiger Herr'

anreden und die Mütze abnehmen mußte, wenn man an ihnen vorüberkam?"
Der alte Mann schien angestrengt nachzudenken. Er trank erst ungefähr ein Viertel seines Bieres aus, ehe er antwortete:
„Ja", sagte er, „sie sahen es gerne, wenn man vor ihnen an die Mütze griff. Das verriet so was wie Respekt. Mir behagte das persönlich auch nicht, aber ich hab's nur zu oft getan. Man mußte eben, wie man wohl sagen würde."
„Und war es üblich — ich führe nur das an, was ich in Geschichtsbüchern gelesen habe —, war es bei diesen Leuten und ihren Bedienten üblich, einen vom Bürgersteig einfach herunter in den Rinnstein zu stoßen?"
(Vergl. hierzu „Farm der Tiere" S. 115: „Um diese Zeit wurde eine neue Verordnung erlassen: wenn ein Schwein und ein anderes Tier einander auf dem Wege begegneten, dann mußte das andere Tier zur Seite treten.")
„Einer von ihnen hat mich einmal gestoßen", sagte der alte Mann. „Ich erinnere mich noch daran, als wäre es gestern gewesen. Es war am Abend nach einer Ruderregatta — die Leute waren immer ganz außer Rand und Band, am Abend einer Ruderrergatta —, und ich renne auf der Shaftesbury Avenue in einen jungen Burschen hinein. Der war ein richtig feiner Herr — steifes Hemd, Zylinder, schwarzer Mantel. Er schwankte im Zickzack übern Gehsteig, und ich bumste aus Versehen gegen ihn. Sagt er: ‚Können sie nicht aufpassen, wo Sie gehen?' sagt er. Sag' ich: ‚Glauben Sie, Sie haben das verdammte Trottoir allein gepachtet?' Sagt er: ‚Ich dreh' dir den Kragen um, wenn du frech wirst.' Sag ich: ‚Sie sind besoffen. Gleich melde ich Sie der Polizei.' Und wollen Sie mir's glauben oder nicht, er legt mir die Hand auf die Brust und gibt mir einen Stoß, daß ich um ein Haar unter einen Bus geflogen wäre. Na, ich war damals noch jung und wollte ihm gerade eine langen, da ..."
Ein Gefühl der Hilflosigkeit überkam Winston. Die Erinnerung des alten Mannes war weiter nichts als ein Kehrichthaufen von Einzelheiten. Man hätte ihn den ganzen Tag ausfragen können, ohne eine einzige vernünftige Auskunft zu bekommen. Die Geschichtsdar-

stellungen der Partei konnten zur Hälfte wahr sein; ja, sie konnten sogar vollkommen wahr sein. Er machte einen letzten Versuch.
„Vielleicht habe ich mich nicht deutlich ausgedrückt“, meinte er. „Was ich sagen wollte, ist folgendes: Sie sind schon lange auf dieser Welt. Sie haben die Hälfte Ihres Lebens vor der Revolution gelebt. Im Jahre 1925 waren Sie schon erwachsen. Würden Sie nach dem, woran Sie sich noch erinnern können, sagen, daß das Leben 1925 besser oder schlechter war als heute? Wenn Sie wählen könnten, würden Sie lieber damals als heute leben wollen?“
Der alte Mann blickte nachdenklich auf die Zielscheibe des Wurfspiels. Bedächtiger als zuvor trank er sein Bier aus. Dann sprach er mit einem duldsamen, philosophischen Audruck im Gesicht, als habe ihn das Bier milde gestimmt.
„Ich weiß, was Sie von mir erwarten. Sie wollen hören, daß ich lieber wieder jung wäre. Die meisten Menschen würden antworten, wenn man sie fragt, sie wären lieber wieder jung. Man ist bei Kräften und Gesundheit, wenn man jung ist. Wenn man in mein Alter kommt, ist man nie mehr so ganz in Form. Ich habe manchmal bös an meinen kranken Fuß zu leiden, und meine Blase macht mir furchtbar zu schaffen. Sechs- oder siebenmal in der Nacht muß ich raus. Andererseits sind da wieder große Vorteile, wann man ein alter Mann ist. Man hat nicht mehr dieselben Sorgen. Kein Ärger mit den Weibern, das ist schon sehr viel wert. Ich war fast dreißig Jahre mit keiner Frau mehr zusammen, ob Sie's glauben oder nicht. Hatte kein Verlangen danach, das ist das Beste daran.“
Winston lehnte sich gegen den Fenstersims zurück. Es hatte keinen Zweck, weiterzumachen. Er wollte gerade noch einmal Bier bestellen, als der alte Mann plötzlich aufstand und hastig in das stinkende Pissoir in der Ecke des Lokals schlurrte. Der zusätzliche halbe Liter machte sich bemerkbar. Winston saß noch ein paar Minuten da und starrte in sein leeres Glas. Kaum wurde er sich bewußt, daß ihn die Füße wieder hinaus auf die Straße trugen. In höchstens zwanzig Jahren, überlegte er, würde die große und einfache Frage: „War das Leben vor der Revolution besser als heute?“ ein für allemal unbeantwortet bleiben müssen. Im Grunde war sie bereits heute nicht mehr zu beantworten, da die paar verstreuten Überleben-

den der alten Welt nicht imstande waren, das eine Zeitalter mit dem anderen zu vergleichen. Sie erinnerten sich wohl einer Unzahl bedeutungsloser Dinge, an den Streit mit einem Arbeitskollegen, die Suche nach einer verlorenen Fahrradpumpe, den Ausdruck auf dem Gesicht einer längst verstorbenen Schwester, die Staubwirbel an einem windigen Morgen vor siebzig Jahren: aber alle wirklich aufschlußreichen Tatsachen waren ihrem Gesichtskreis entschwunden. Sie waren wie die Ameisen, die wohl kleine, aber keine großen Gegenstände erkennen können. Und wenn es keine Erinnerung mehr gab und alle schriftlichen Berichte gefälscht waren — wenn es soweit war, dann mußte die Behauptung der Partei, die Lebensbedingungen der Menschen verbessert zu haben, als wahr hingenommen werden, weil es keinen Maßstab mehr gab, den man hätte anlegen können, und nie mehr einen geben würde."

Die Befreiung aus der Knechtschaft

Text: Farm der Tiere, S. 24.
(Mr. Jones, der Farmbesitzer, war vertrieben, die Tiere waren nun aus der Knechtschaft befreit worden.)
„In kürzester Zeit hatten die Tiere alles und jedes zerstört, was sie an Mr. Jones erinnern konnte. Sie sangen siebenmal hintereinander „Tiere von England", und dann legten sie sich zur Ruhe und schliefen, wie sie nie vorher geschlafen hatten. Dann machten sie sich auf, die ganze Farm zu inspizieren und betrachteten mit sprachloser Bewunderung das Ackerland, die Wiese, den Obstgarten, den Teich, das Buschwerk. Es war, als hätten sie all diese Dinge noch nie zuvor gesehen, und selbst jetzt konnten sie kaum glauben, daß alles ihnen gehöre."

Text: Farm der Tiere, S. 30.
„Den ganzen Sommer hindurch ging die Arbeit auf der Farm wie nach der Uhr. Die Tiere waren so glücklich, wie sie das niemals für möglich gehalten hätten. Jedes bißchen Futter war eine wahre

Lust, denn nun war es wirklich ihr eigenes Futter, von ihnen selbst und für sie selbst produziert, nicht aber spärlich zugemessen von einem mürrischen Herrn."

Text: Farm der Tiere, S. 134.
„Mochte ihr Leben auch hart sein, mochten nicht alle ihre Hoffnungen Erfüllung gefunden haben, so waren sie sich doch dessen bewußt, daß sie nicht alle waren wie andere Tiere. Wenn sie hungrig blieben, so geschah es nicht, weil sie tyrannische Menschenwesen füttern mußten: wenn sie hart arbeiten mußten, so arbeiteten sie wenigstens für sich selber. Kein Geschöpf nannte ein anderes Geschöpf seinen „Herrn". Alle Tiere waren gleich."

Text: Farm der Tiere, S. 120, S. 118.
„In diesem Jahr arbeiteten die Tiere wie Sklaven. Manchmal waren die langen Arbeitsstunden bei unzureichendem Futter schwer zu ertragen . . . aber im Vergleich mit Jones' Zeiten war die Besserung noch immer ungeheuer. Indem Quiekschnauz mit rascher, schriller Stimme Ziffern herunterlas, bewies er den Tieren, daß sie mehr Hafer, mehr Heu, mehr Rüben hätten als zu Jones' Zeiten, daß sie weniger Arbeitsstunden machen müßten, daß ihr Trinkwasser von besserer Qualität sei, daß die Lebenszeit sich verlängert habe, daß ein größerer Prozentsatz der Neugeborenen das Säuglingsalter überlebe, daß sie mehr Stroh im Stall hätten und weniger unter den Fliegen litten. Die Tiere glaubten ihm jedes Wort. In Wirklichkeit war ihre Erinnerung an Jones und alles, was mit ihm zusammenhing, in ihnen fast erloschen. Sie wußten, daß das Leben heute rauh und ärmlich war, daß sie oft hungerten und oft froren, und daß sie zumeist arbeiteten, wenn sie nicht gerade schliefen. Aber in der alten Zeit war es ohne Zweifel schlimmer gewesen. Der Glaube daran machte sie glücklich. Zudem waren sie in jenen Tagen Sklaven gewesen, und jetzt waren sie frei, und das machte den gewaltigen Unterschied aus; wenigstens verfehlte Quiekschnauz nie, darauf hinzuweisen.
Sie fanden es am Ende tröstlich, daran erinnert zu werden, daß sie nun doch ihre eigenen Herren seien, und daß alle Arbeit, die sie lei-

steten, nur ihnen allein zugute komme. Und so waren sie über dem Singen, den Umzügen, Quiekschnauz' Ziffern, dem Dröhnen des Schusses, dem Krähen des Hahns, dem Flattern der Flagge imstande, wenigstens hin und wieder zu vergessen, daß ihre Bäuche leer waren.
Im April wurde die Farm der Tiere zur Republik ausgerufen, und es wurde nötig, einen Präsidenten zu wählen. Es gab nur einen Kandidaten, Napoleon, der denn auch einstimmig gewählt wurde."

Text: Neunzehnhundertvierundachtzig, S. 67—71
„Die Partei erhob Anspruch darauf, die Proles aus der Knechtschaft befreit zu haben. Vor der Revolution waren sie von den Kapitalisten schmählich unterdrückt worden, man hatte sie hungern lassen und ausgepeitscht, Frauen mußten in den Kohlebergwerken arbeiten (Frauen arbeiteten in Wirklichkeit immer noch in den Kohlebergwerken). Aber gleichzeitig lehrte die Partei, getreu den Grundsätzen des Zwiedenkens, die Proles seien von Natur aus minderwertige Geschöpfe, die durch die Anwendung von einigen Verordnungen wie die Tiere im Zaum gehalten werden mußten. Solange sie nur arbeiteten und sich fortpflanzten, waren ihre übrigen Lebensäußerungen unwichtig. Sie wurden geboren, wuchsen in der Gosse auf, gingen mit zwölf Jahren an die Arbeit, durchlebten eine kurze Blütezeit körperlicher Schönheit und sinnlicher Begierde, heirateten mit zwanzig, alterten mit dreißig und starben zum größten Teil mit sechzig Jahren. Schwere körperliche Arbeit, die Sorge um Heim und Kinder, kleinliche Streitigkeiten mit Nachbarn, Kino, Fußball, Bier und vor allem Glücksspiele füllten den Rahmen ihres Denkens aus. Es war nicht schwer, sie unter Kontrolle zu halten. Nur ein paar Agenten der Gedankenpolizei bewegten sich ständig unter ihnen, um falsche Gerüchte zu verbreiten und diejenigen zu notieren und verschwinden zu lassen, die vielleicht gefährlich werden konnten. Aber es wurde kein Versuch gemacht, den Proles mit der Parteiideologie vertraut zu machen. Es war nicht wünschenswert, daß sie ein starkes politisches Bewußtsein hatten. Von ihnen wurde nur ein primitiver Patriotismus verlangt, an den man gegebenenfalls appelieren konnte, wenn sie sich mit einer Verlänge-

rung ihrer Arbeitsstunden oder einer Kürzung der Rationen abfinden mußten. Und sogar, wenn sie einmal unzufrieden wurden, führte ihre Unzufriedenheit zu nichts, denn da sie ganz ohne einen leitenden Gedanken waren, richtete sich diese Unzufriedenheit nur auf belanglose jeweilige Übelstände. Die größeren Übelstände entgingen unweigerlich ihrer Aufmerksamkeit. Die große Mehrheit der Proles hatte nicht einmal einen Televisor in ihrer Wohnung. Selbst die gewöhnliche Polizei mischte sich nur sehr wenig in ihre Angelegenheiten. In allen ethsichen Fragen ließ man sie ihrer alten Tradition folgen. Der sexuelle Puritanismus der Partei wurde ihnen nicht aufgezwungen. Außerehelicher Geschlechtsverkehr blieb unbestraft, Scheidungen waren erlaubt. Selbst die Ausübung einer Religion wäre gestattet worden, wenn die Proles irgendwie das Bedürfnis oder den Wunsch danach zum Ausdruck gebracht hätten. Sie waren über jeden Verdacht erhaben. Wie ein Schlagwort der Partei es ausdrückt: „Proles und Tiere sind frei."

Winston beugte sich vor und kratzte vorsichtig seine Krampfaderknoten, die wieder zu jucken angefangen hatten. Der Punkt, auf den man unausweichlich immer wieder zurückgeführt wurde, war die Unmöglichkeit, sich ein Bild von dem Leben vor der Revolution zu machen. Er zog aus der Schublade ein Geschichtsbuch für Schulkinder hervor, das er von Frau Parsons entliehen hatte, und begann ein Stück daraus in sein Tagebuch abzuschreiben:

In den alten Zeiten vor der glorreichen Revolution war London nicht die herrliche Stadt, als die wir es heute kennen. Es war ein düsterer, schmutziger, armseliger Ort, wo kaum jemand genug zu essen und Tausende von armen Menschen keine Schuhe an ihren Füßen und nicht einmal ein Dach überm Kopf hatten, unter dem sie schlafen konnten. Kinder in Eurem Alter mußten zwölf Stunden am Tag für grausame Arbeitgeber schuften, die sie mit Peitschen schlugen, wenn sie zu langsam arbeiteten, und ihnen nur trockenes Brot und Wasser zu essen gaben. Aber inmitten dieser schrecklichen Armut gab es ein paar große, schöne Häuser, die von den Reichen bewohnt wurden, die bis zu dreißig Dienstboten zu ihrer Bedienung hatten. Diese Reichen nannte man Kapitalisten. Sie waren dicke, häßliche Menschen mit bösen Gesichtern, wie der auf der näch-

sten Seite Abgebildete. Er trägt, wie Ihr seht, einen langen schwarzen Rock, der Gehrock genannt wurde, und einen komischen, glänzenden Hut von der Form eines Ofenrohrs, der Zylinder hieß. Das war die Kleidung der Kapitalisten, und niemand sonst durfte sie tragen. Den Kapitalisten gehörte alles, was es auf der Welt gab, und alle anderen Menschen waren ihre Sklaven. Sie besaßen das ganze Land, alle Häuser, alle Fabriken und alles Geld. Wenn jemand ihnen nicht gehorchte, ließen sie ihn ins Gefängnis werfen oder nahmen ihm die Arbeit weg, damit er verhungerte. Wenn ein gewöhnlicher Mensch mit einem Kapitalisten sprach, mußte er sich ducken und vor ihm katzebuckeln, seine Mütze abnehmen und ihn mit „Gnädiger Herr" anreden. Der Häuptling der Kapitalisten wurde König genannt und . . .

Aber er kannte diese alte Leier schon. Es würde sich die Beschreibung der Bischöfe mit ihren Batistärmeln anschließen, der Richter in ihren Hermelinroben, des Prangers, des Blocks, der Tretmühle, der neunschwänzigen Katze, des Banketts des Londoner Oberbürgermeisters und des Brauchs, dem Papst den Schuh zu küssen. Auch hatte es so etwas wie das sogenannte *jus primae noctis* gegeben, was vermutlich nicht in einem Kinderlehrbuch stehen würde. Das war ein Gesetz, nach dem jeder Kapitalist das Recht hatte,mit jedem in seinen Fabriken beschäftigten Mädchen zu schlafen.

Er konnte nicht sagen, wieviel von all dem Lüge war. Es mochte wahr sein, daß es dem Durchschnittsmenschen heute besser ging als vor der Revolution. Der einzige Gegenbeweis war der stumme Protest im eigenen Innern, das instinktive Gefühl, daß die Bedingungen, unter denen man lebte, unerträglich waren und früher anders gewesen sein mußten. Es fiel ihm auf, daß das wirklich Charakteristische des heutigen Lebens nicht seine Grausamkeit und Unsicherheit, sondern einfach seine Nackheit, seine Schäbigkeit, seine Ruhelosigkeit war. Das Leben hatte, wenn man um sich blickte, nicht nur keinerlei Ähnlichkeit mit den Lügen, die aus dem Televisor strömten, sondern entsprach nicht einmal dem Idealen, wie sie die Partei aufstellte. Ein großer Teil des Lebens spielte sich, selbst für ein Parteimitglied, auf einer neutralen und unpolitischen

Ebene ab und bestand darin, sich mit langweiliger Arbeit abzuplagen, sich einen Platz in der Untergrundbahn zu erobern, eine zerrissene Socke zu stopfen, eine Sacharintablette zu erbetteln, einen Zigarettenstummel aufzubewahren. Das von der Partei angestrebte Ideal war etwas großes, Schreckliches, Gleißendes — eine Welt aus Stahl und Beton, eine Welt von riesigen Maschinen und furchtbaren Waffen — mit einem Volk von Kriegern und Fanatikern, das völlig geschlossen voranmarschierte, alle mit den gleichen Gedanken und den gleichen Schlachtrufen, wo alle pausenlos arbeiteten, kämpften, siegten, verfolgten — dreihundert Millionen Menschen, alle mit den gleichen Gesichtern. Die Wirklichkeit aber waren zerfallende, heruntergekommene Städte, durch deren Straßen unterernährte Menschen in durchlöcherten Schuhen schlichen und in deren notdürftig ausgebesserten Häusern aus dem neunzehnten Jahrhundert wohnten, wo es immer nach Kohl und schadhaften Aborten roch. Ihm war, als sähe er eine Vision von London als einer riesigen Trümmerstadt, einer Stadt von Millionen Kehrichthaufen, und dahinter ein Bild von Frau Parsons, einer Frau mit durchfurchten Gesicht und verwuschelten Haaren, die hilflos an einem verstopften Ausguß herumhantierte.

Er bückte sich und kratzte wieder an seinem Knöchel. Tag und Nacht knatterte einem der Televisor die Ohren voll mit Statistiken, aus denen hervorging, daß die Menschen heutzutage mehr zu essen, mehr anzuziehen, bessere Wohnungen und eine bessere Freizeitgestaltung hatten — daß sie länger lebten und ihre Arbeitszeit kürzer war, daß sie größer, gesünder, kräftiger, glücklicher, klüger, gebildeter waren als die Menschen vor fünfzig Jahren. Kein Wort davon konnte je belegt oder widerlegt werden. Die Partei behauptete zum Beispiel, gegenwärtig könnten 40 Prozent der erwachsenen Proles lesen und schreiben: vor der Revolution, hieß es, habe die Zahl nur 15 Prozent betragen. Die Partei behauptete, die Kindersterblichkeit belaufe sich jetzt nur noch auf einhundertundsechszig pro Tausend, während sie vor der Revolution dreihundert betragen habe — und so ging es weiter. Es war ein ewiges Jonglieren mit zwei Unbekannten. Es konnte sehr gut möglich sein, daß buchstäblich jedes Wort in den Geschichtsbüchern, sogar das, was

man unbedenklich hinnahm, frei erfunden war. Es brauchte ein Gesetz wie das *jus primae noctis* oder ein Wesen wie den Kapitalisten oder eine Kopfbedeckung wie den Zylinderhut nie gegeben zu haben.
Alles löste sich in Nebel auf. Die Vergangenheit war ausradiert, und dann war sogar die Tatsache des Radierens vergessen, die Lüge war zur Wahrheit geworden."

SCHULDBEKENNTNISSE UND SÄUBERUNGSAKTIONEN

Text: Farm der Tiere, S. 86—88.
„Napoleon musterte seine Zuhörer streng; dann stieß er ein hohes Quieken aus. Unverzüglich sprangen die Hunde vorwärts, packten vier von den Schweinen bei den Ohren und schleppten sie, die vor Schreck und Schmerz quiekten, zu Napoleons Füßen. Die Ohren der Schweine bluteten, die Hunde hatten Blut geleckt, und sekundenlang schienen sie ganz von Sinnen zu sein...
Die vier Schweine warteten zitternd, aus ihrer Haltung sprach klar ihr Schuldbewußtsein. Napoleon forderte sie auf, ihre Verbrechen zu bekämpfen... Als sie ihre Beichte beendet hatten, zerfleischten die Hunde ihnen augenblicklich die Kehlen.
Mit schrecklicher Stimme fragte Napoleon, ob sonst kein Tier etwas zu gestehen habe. Drei Hühner erklärten, Schneeball sei ihnen im Traum erschienen und habe sie aufgereizt, Napoleons Befehlen nicht zu gehorchen. Auch sie wurden geschlachtet. Dann trat eine Gans vor und gestand, sie habe während der Ernte sechs Ähren unterschlagen und nachts aufgefressen. Dann beichtete ein Schaf, es habe sein Wasser in der Tränke abgeschlagen, und zwei andere Schafe gestanden, sie hätten einen alten Widder, einen besonders ergebenen Anhänger Napoleons, ermordet. Sie alle wurden auf der Stelle geschlachtet. Und so gingen Geständnisse und Hinrichtungen weiter, bis ein Leichenhaufen vor Napoleons Füßen lag und die Luft von Blutgeruch schwer war — ein Ereignis, unerhört seit Jones' Vertreibung."

Text: Farm der Tiere, S. 58, S. 59/60.
„Einige Tiere hätten Protest erhoben, wenn sie die richtigen Begründungen gefunden hätten... Unter den Schweinen gab es einige, die deutlicher wurden. Aber plötzlich ließen die Hunde, die sich um Napoleon geschart hatten, ein tiefes drohendes Knurren hören, die Schweine verstummten und setzten sich wieder. Dann stimmten die Schafe ein gewaltiges Blöken an, das jeder Möglichkeit einer Diskussion ein Ende machte... Boxer, der unterdessen Zeit gehabt hatte, die Dinge zu überdenken, gab dem allgemeinen Gefühl Ausdruck als er erklärte: „Wenn Kamerad Napoleon etwas sagt, dann muß es richtig sein... Napoleon hat immer recht."

Text: Neunzehnhundertvierundachtzig, S. 71—76.
„Er gedachte der Zeit der großen Säuberungsaktionen, in der die ursprünglichen Führer der Revolution ein für allemal beseitigt worden waren. Um das Jahr 1970 war keiner von ihnen mehr übrig, außer dem Großen Bruder selbst. Alle anderen waren inzwischen als Verräter und Konterrevolutionäre überführt worden. Goldstein war geflohen und hielt sich irgendwo verborgen, und von den anderen waren ein paar einfach verschwunden, während die Mehrzahl nach aufsehenerregenden Schauprozessen hingerichtet worden war, bei denen sie Geständnisse ihrer Verbrechen ablegten. Unter den letzten Überlebenden waren drei Männer namens Jones, Aaronson und Rutherford. Um das Jahr 1965 herum mußten auch diese drei verhaftet worden sein. Wie es häufig vorkam, blieben sie ein Jahr oder länger verschwunden, so daß man nicht wußte, ob sie überhaupt noch lebten, und waren dann plötzlich wieder aus der Versenkung hervorgeholt worden, um sich in der üblichen Weise selbst anzuschuldigen. Sie hatten sich des Einverständnisses mit dem Feind schuldig bekannt (auch damals war Eurasien der Feind), der Unterschlagung öffentlicher Gelder, des Mordes an verschiedenen alten Parteimitgliedern, einer Verschwörung gegen die Führerschaft des Großen Bruders, die lange vor Ausbruch der Revolution begonnen hatte, und endlich an Sabotagehandlungen, die den Tod von Hunderttausenden von Menschen herbeigeführt hatten. Nachdem sie sich dieser Dinge angeklagt hatten, waren sie begnadigt, wieder in

die Partei aufgenommen und mit bedeutsam klingenden Posten betraut worden, die in Wahrheit nur Sinnekuren waren. Alle drei hatten umfangreiche, kriecherische Erklärungen veröffentlicht, in denen sie die Gründe für ihren Treuebruch im einzelnen auseinandersetzten und sich zu bessern versprachen... Er nahm das Geschichtsbuch für Kinder zu Hand und betrachtete das Bildnis des Großen Bruders auf dem Titelblatt. Die hypnotischen Augen starrten in die seinen. Es war, als drücke einen eine zwingende Kraft nieder — etwas, das einem in den Schädel eindrang, das Gehirn bombadierte, einem die eigenen Überzeugungen austrieb, einen fast dazu brachte, nicht länger dem Zeugnis der eigenen Sinne zu trauen. Zu guter Letzt würde die Partei verkünden, daß zwei und zwei gleich fünf sei, und man würde es glauben müssen. Unausweichlich mußte sie früher oder später diese Behauptung aufstellen: ihre Lage forderte logisch diese letzte Folgerung. Nicht nur der Wert der Erfahrung, sondern überhaupt das Vorhandensein einer gegebenen Wirklichkeit wurde von der Philosophie der Partei stillschweigend geleugnet. Die größte aller Ketzereien war der gesunde Menschenverstand. Und das Furchtbare war nicht, daß sie einen umbrachten, wenn man anders dachte, sondern daß sie vielleicht recht hatten. Denn wie können wir schon wissen, ob zwei und zwei wirklich vier ist? Ober ob das Gesetz der Schwerkraft stimmt? Oder ob die Vergangenheit unveränderlich ist? Wenn beides, Vergangenheit und Außenwelt, nur in der Vorstellung existieren und man die Vorstellung einfach beherrschen kann — was dann?
Die Partei lehrte einen, der Erkenntnis seiner Augen und Ohren nicht zu trauen. Das war ihr entscheidendes, wichtigstes Gebot. Ihm sank der Mut, als er an die riesige Macht dachte, die gegen ihn gerüstet stand, die Leichtigkeit, mit der ihm jeder Parteiintelligenzler bei einer Debatte eine Abfuhr erteilen konnte, an die ausgeklügelten Argumente, die er nicht zu verstehen, geschweige denn, zu widerlegen vermochte. Und dennoch war er im Recht! Sie hatten unrecht, und er hatte recht. Das Handgreifliche, das Einfache und das Wahre mußten verteidigt werden. Binsenwahrheiten sind wahr, daran wollte er festhalten! Die stoffliche Welt ist vorhanden, ihre Gesetze ändern sich nicht. Steine sind hart, Wasser ist naß, jeder

Gegenstand, den man losläßt, fällt dem Erdmittelpunkt zu. Mit dem Gefühl, einen wichtigen Grundsatz aufzustellen, schrieb er:

Freiheit ist die Freiheit zu sagen, daß zwei und zwei gleich vier ist. Sobald das gewährleistet ist, ergibt sich alles andere von selbst."

DIE METHODEN DER PARTEI

Text: Neunzehnhundertvierundachtzig, S. 188—190.
„Ungleichheit war der Preis der Zivilisation. Mit der Weiterentwicklung der maschinellen Produktion änderte sich jedoch die Sachlage. Sogar wenn die Menschen noch die eine oder andere Arbeit selbst verrichten mußten, so brauchten sie doch nicht mehr auf verschiedenen sozialen oder wirtschaftlichen Stufen zu stehen. Deshalb war vom Gesichtspunkt der neuen Gruppen, die im Begriff standen, die Macht zu ergreifen, menschliche Gleichheit kein erstrebenswertes Ideal mehr, sondern vielmehr eine Gefahr, die verhütet werden mußte. In primitiven Zeitaltern, als eine gerechte und friedliche Gesellschaftsordnung tatsächlich nicht möglich war, war es ganz leicht gewesen, daran zu glauben. Die Vorstellung eines irdischen Paradieses, in dem die Menschen ohne Gesetze und ohne harte Arbeit in einem Verbrüderungszustand leben sollten, hatte der menschlichen Phantasie Tausende von Jahren vorgeschwebt. Und diese Vision hatte sogar noch einen gewissen Einfluß auf die Gruppen ausgeübt, die in Wirklichkeit aus jeder geschichtlichen Veränderung Vorteile zogen. Die Erben der französischen, englischen und amerikanischen Revolutionen hatten teilweise an ihre eigenen Phrasen von Menschenrechten, freier Meinungsäußerung, Gleichheit vor dem Gesetz und dergleichen mehr geglaubt und hatten sogar ihr Verhalten bis zu einem gewissen Grade davon beeinflussen lassen. Aber mit dem vierten Jahrzehnt des zwanzigsten Jahrhunderts wurden alle Hauptströmungen der politischen Denkweise autoritär. Das irdische Paradies war genau in dem Augenblick in Mißkredit geraten, in dem es sich verwirkli-

chen ließ. Jede neue politische Theorie, wie immer sie sich nannte, führte zu Klassenherrschaft und Reglementierung. Und bei der ungefähr um das Jahr 1930 einsetzenden Vergröberung der moralischen Auffassung wurden Praktiken, die seit langem aufgegeben worden waren, in manchen Fällen seit Hunderten von Jahren — wie Inhaftierung ohne Gerichtsverhandlung, die Verwendung von Kriegsgefangenen als Arbeitssklaven, öffentliche Hinrichtungen, Folterung zur Erpressung von Geständnissen, das Gefangennehmen von Geiseln und die Deportation ganzer Bevölkerungsteile — nicht nur wieder allgemein, sondern auch von Menschen geduldet und sogar verteidigt, die sich für aufgeklärt und fortschrittlich hielten.

Im Vergleich mit der heute herrschenden waren alle Tyranneien der Vergangenheit lau und unwirksam. Die herrschenden Gruppen waren immer bis zu einem gewissen Grade von liberalen Ideen infiziert und damit zufrieden gewesen, überall ein Hintertürchen offen zu lassen, um nur die offenkundige Tat ins Auge zu fassen und sich nicht darum zu kümmern, was ihre Untertanen dachten. Sogar die katholische Kirche des Mittelalters war, nach neuzeitlichen Maßstäben gemessen, duldsam. Ein teilweiser Grund hierfür war, daß in der Vergangenheit keine Regierung die Macht besaß, ihre Bürger unter dauernder Überwachung zu halten. Die Erfindung der Buchdruckerkunst machte es jedoch leichter, die öffentliche Meinung zu beeinflussen, und Film und Radio förderten diesen Prozeß noch weiter. Mit der Entwicklung des Fernsehens und bei dem technischen Fortschritt, der es ermöglichte, mit Hilfe desselben Instruments gleichzeitig zu empfangen und zu senden, war das Privatleben zu Ende. Jeder Bürger oder wenigstens jeder Bürger, der wichtig genug war, um einer Überwachung für wert befunden zu werden, konnte vierundzwanzig Stunden des Tages den Argusaugen der Polizei und dem Getrommel der amtlichen Propaganda ausgesetzt gehalten werden, während ihm alle anderen Verbindungswege verschlossen blieben. Jetzt, zum erstenmal, bestand die Möglichkeit, allen Untertanen nicht nur vollkommenen Gehorsam gegenüber dem Willen des Staates, sondern auch vollkommene Meinungsgleichheit aufzuzwingen.

Nach der revolutionären Periode der fünfziger und sechziger Jahre gruppierte sich die menschliche Gesellschaft wie immer wieder in eine Ober-, eine Mittel- und eine Unterschicht. Aber die neue Oberschicht handelte anders als ihre Vorläufer, nicht aus dem Instinkt heraus, sondern wußte, was nötig war, um ihre Stellung zu behaupten. Man war seit langem dahintergekommen, daß die einzig sichere Grundlage einer Oligarchie im Kollektivismus besteht. Wohlstand und Vorrechte werden am leichtesten verteidigt, wenn sie Gemeinbesitz sind. Die sogenannte „Abschaffung des Privateigentums", die um die Mitte des Jahrhunderts vor sich ging, bedeutete in der Auswirkung die Konzentration des Besitzes in weit weniger Händen als zuvor; aber mit dem Unterschied, daß die neuen Besitzer einer Gruppe waren, statt eine Anzahl von Einzelmenschen. Als einzelnem gehört keinem Parteimitglied etwas, außer seiner unbedeutenden persönlichen Habe. Kollektiv gehört in Ozeanien der Partei alles, da sie alles kontrolliert und über die Erzeugnisse nach Gutdünken verfügt. In den auf die Revolution folgenden Jahren konnte sie nahezu widerstandslos diese beherrschende Stellung einnehmen, da das ganze Verfahren als eine Kollektivhandlung hingestellt wurde. Man hatte immer angenommen, daß nach der Enteignung der Kapitalistenklasse der Sozialismus nachfolgen müsse: Und die Kapitalisten waren fraglos enteignet worden. Fabriken, Bergwerke, Land, Häuser, Transportmittel — alles war ihnen weggenommen worden: und da diese Dinge nicht mehr Privateigentum waren, folgte, daß sie öffentlicher Besitz sein mußten. Engsoz, der aus der früheren sozialistischen Bewegung hervorging und das Erbe ihrer Phraseologie antrat, hat in der Tat den Hauptpunkt des sozialistischen Programms zur Durchführung gebracht, mit dem vorhergesehenen und gewünschten Ergebnis, daß wirtschaftliche Ungleichheit zu einem Dauerzustand wurde."

FREI VON HUNGER UND PEITSCHE?

Text: Farm der Tiere, S. 90/91, S. 137.

„Niemals war den Tieren die Farm so begehrenswert erschienen — und nicht ohne eine gewisse Überraschung erinnerten sie sich daran, daß es ihre eigene Farm, jeder Zoll ihr Eigentum war. Als Clover den Abhang hinuntersah, füllten ihre Augen sich mit Tränen. Hätte sie ihre Gedanken auszusprechen vermocht, dann wäre es geschehen, um zu sagen, daß nicht dies das Ziel war, dem sie zugestrebt hatten, als sie sich vor Jahren ans Werk machten, um das Geschlecht der Menschen zu besiegen. Dieses Schauspiel von Grauen und Gemetzel war es nicht, dem sie in jener Nacht freudig entgegengeblickt hatten, da Old Major sie zur Revolution aufrief. Wenn sie selbst je eine Vorstellung von der Zukunft besessen hatte, so war es das Bild einer Gemeinschaft von Tieren, frei von Hunger und Peitsche, alle gleich, jedes nach seinen Fähigkeiten arbeitend, die Starken als Beschützer der Schwachen, wie sie in jener Nacht, da Major sprach, mit ihrem Vorderbein die verwaisten Entlein beschützt hatte. Statt dessen — warum, wußte sie nicht — mußte sie eine Zeit erleben, da keiner seine Meinung auszusprechen wagte, da wilde, knurrende Hunde überall umherstrichen und man mitansehen mußte, wie Kameraden in Stücke gerissen wurden, nachdem sie empörende Verbrechen gebeichtet hatten.

Das aber war es nicht, dem ihre und der anderen Tiere Hoffnung und Mühe gegolten hatte. Nicht das war es, wofür sie den Turm des Windmotors gebaut und den Kugeln aus Jones' Büchse standgehalten hatten. So etwa waren ihre Gedanken, wenn ihr auch die Worte fehlten, um sie auszudrücken.

Und im Gefühl, als wäre dies gewissermaßen ein Ersatz für die Worte, die ihr nicht kommen wollten, begann sie zu singen: „Tiere von England. . ." Die anderen Tiere, die rund um sie kauerten, nahmen den Gesang auf, und sie sangen ihn dreimal hintereinander — sehr melodisch, aber langsam und traurig, wie sie ihn nie zuvor gesungen hatten. Sie hatten eben zum dritten Mal gesungen, als Quiekschnauz, von zwei Hunden begleitet, sich ihnen näherte. Man sah ihm an, daß er etwas Wichtiges zu sagen hatte. Er verkündete,

daß durch ein besonderes Dekret Kamerad Napoleons „Tiere von England" abgeschafft sei. Von nun an dürfe es nicht mehr gesungen werden...
Und nun war es auch nicht weiter befremdend, als am nächsten Tag die Schweine, die die Arbeit beaufsichtigten, Peitschen zwischen den Beinen hielten."

Text: Neunzehnhundertvierundachtzig, S. 193—197.
„Der Partei geht es darum, ewig sich selbst zu behaupten. Alle für unsere Zeit charakteristischen Überzeugungen, Gewohnheiten, Meinungen, geistigen Einstellungen sind in Wirklichkeit dazu bestimmt, das Mystische der Partei aufrechtzuerhalten und zu verhindern, daß die wahre Natur der heutigen Gesellschaftsordnung erkannt wird. Leibliche Auflehnung oder jeder auf Auflehnung abzielende Schritt ist gegenwärtig nicht möglich. Von den Proletariern ist nichts zu befürchten. Sich selbst überlassen, werden sie von Generation zu Generation und von Jahrhundert zu Jahrhundert fortfahren zu arbeiten, Kinder in die Welt zu setzen und zu sterben, nicht nur ohne jeden Antrieb, zu rebellieren, sondern ohne sich auch nur vorstellen zu können, daß die Welt anders sein könnte, als sie ist. Sie könnten nur gefährlich werden, wenn die fortschreitende Entwicklung der industriellen Technik es notwendig machen sollte, ihnen eine höhere Erziehung angedeihen zu lassen; aber da die militärische und merkantile Konkurrenz keine Bedeutung mehr hat, ist das Niveau der öffentlichen Erziehung im Sinken begriffen. Welche Ansichten die Massen vertreten oder nicht vertreten, wird als belanglos angesehen. Man darf ihnen getrost geistige Freiheit einräumen, denn sie haben keinen Geist. Andererseits kann bei einem Parteimitglied auch nicht die kleinste Meinungsabweichung in der unbedeutendsten Frage geduldet werden.
Ein Angehöriger der Partei lebt von der Geburt bis zum Tode unter den Augen der Gedankenpolizei. Sogar wenn er allein ist, kann er nie sicher sein, ob er wirklich allein ist. Wo er auch sein mag, ob er schläft oder wacht, arbeitet oder ausruht, in seinem Bad oder in seinem Bett liegt, kann er ohne Warnung und ohne zu wissen, daß er beobachtet wird, beobachtet werden. Nichts, was er tut, ist

gleichgültig. Seine Freundschaften, seine Zerstreuungen, sein Benehmen gegen seine Frau und seine Kinder, sein Gesichtsausdruck, wenn er allein ist, die von ihm im Schlaf gemurmelten Worte, sogar die ihm eigentümlichen Bewegungen seines Körpers, alles wird einer peinlich genauen Prüfung unterzogen. Nicht nur jedes wirkliche Vergehen, sondern jede Schrullenhaftigkeit, sie mag noch so unbedeutend sein, jede Gewohnheitsänderung, jede nervöse Absonderlichkeit, die möglicherweise das Symptom eines inneren Kampfes ist, können unweigerlich entdeckt werden. Er hat keine freie Wahl in keiner wie immer gearteten Hinsicht.
Von einem Angehörigen der Partei wird erwartet, daß er keine Privatgefühle hat und seine Begeisterung kein Erlahmen kennt. Man nimmt von ihm an, daß er in einer dauernden Haßraserei gegenüber ausländischen Feinden und inländischen Verrätern lebt, über Siege frohlockt und sich vor der Macht und der Weisheit der Partei beugt. Die durch sein schales, unbefriedigendes Leben hervorgerufene Unzufriedenheit wird mit Bedacht nach außen gelenkt und durch Einrichtungen wie die Zwei-Minuten-Haß-Sendung zerstreut. Und die Betrachtungen, die zu einer skeptischen und auflehnenden Haltung führen könnten, werden im voraus durch seine schon früh erworbene innere Schulung abgetötet. Die erste und einfachste Stufe in der Schulung, die sogar kleinen Kindern beigebracht werden kann, heißt in der Neusprache *Verbrechenstop. Verbrechenstop* bedeutet die Fähigkeit, gleichsam instinktiv auf der Schwelle jedes gefährlichen Gedankens halt zu machen. Es schließt die Gabe ein, ähnliche Umschreibungen nicht zu verstehen, außerstande zu sein, logische Irrtümer zu erkennen, die einfachsten Argumente mißzuverstehen, wenn sie engsozfeindlich sind, und von jedem Gedankengang gelangweilt oder abgestoßen zu werden, der in eine ketzerische Richtung führen könnte. *Verbrechenstop* bedeutet, kurz gesagt, schützende Dummheit. Aber Dummheit allein genügt nicht. Im Gegenteil verlangt Rechtgläubigkeit in vollem Sinne des Wortes eine ebenso vollständige Beherrschung der eigenen Gedankengänge, wie sie ein Schlangenmensch über seinen Körper besitzt. Die ozeanische Gesellschaftsordnung fußt letzten Endes auf dem Glauben. daß der Große Bruder allmächtig und die Partei

unfehlbar ist. An der Spitze der Pyramide steht der Große Bruder. Der Große Bruder ist unfehlbar und allmächtig. Jeder Erfolg, jede Leistung, jeder Sieg, jede wissenschaftliche Entdeckung, alles Wissen, alle Weisheit, alles Glück, alle Tugend werden unmittelbar seiner Führerschaft und Eingebung zugeschrieben. Niemand hat je den Großen Bruder gesehen. Er ist ein Gesicht an den Litfaßsäulen, eine Stimme im Radio und im Fernsehen, die unentwegt die Prinzipien der Partei verkündet, eine Stimme, die immer recht hat, und der jeder Parteigenosse unbedingt zu folgen hat.

Aber da — wie auch jeder weiß — in Wirklichkeit der Große Bruder nicht allmächtig und die Partei nicht unfehlbar ist, müssen die Tatsachen unermüdlich von einem Augenblick zum anderen entsprechend zurechtgebogen werden. Das Schlagwort hierfür lautet *Schwarzweiß.* Wie so viele Neusprachworte hat dieses Wort zwei einander widersprechende Bedeutungen. Einem Gegner gegenüber angewandt, bedeutet es die Gewohnheit, im Widerspruch zu den offenkundigen Tatsachen unverschämt zu behaupten, schwarz sei weiß. Einem Parteimitglied gegenüber angewandt, bedeutet es eine redliche Bereitschaft, zu sagen, schwarz sei weiß, wenn es die Parteidisziplin erfordert. Aber es bedeutet auch die Fähigkeit, zu *glauben,* daß schwarz gleich weiß ist, und darüber hinaus zu *wissen,* daß schwarz weiß ist, und zu vergessen, daß man jemals das Gegenteil geglaubt hat. Das verlangt eine ständige Änderung der Vergangenheit, die durch das Denkverfahren ermöglicht wird, das in Wirklichkeit alles übrige einschließt und in der Neusprache als *Zwiedenken* bekannt ist.

Die Änderung der Vergangenheit ist aus zwei Gründen notwendig, deren einer untergeordnet und sozusagen vorbeugend ist. Der untergeordnete Grund besteht darin, daß das Parteimitglied, ähnlich wie der Proletarier, die gegenwärtigen Lebensbedingugnen zum Teil deshalb duldet, weil er keine Vergleichsmöglichkeiten besitzt. Er muß von der Vergangenheit abgeschnitten werden, ganz so, wie er auch vom Ausland abgeschnitten werden muß, weil es notwendig ist, daß er glaubt, besser daran zu sein als seine Vorfahren, und daß sich das Durchschnittsniveau der materiellen Bequemlichkeit dauernd hebt. Aber der bei weitem wichtigere Grund für die Ände-

rung der Vergangenheit ist die Notwendigkeit, die Unfehlbarkeit der Partei zu garantieren. Nicht nur müssen Reden, Statistiken und Aufzeichnungen jeder Art ständig mit den jeweiligen Erfordernissen in Einklang gebracht werden, um aufzuzeigen, daß die Voraussagen der Partei in allen Fällen richtig waren. Sondern es darf auch nie eine Veränderung in der Doktrin oder in der politischen Ausrichtung zugegeben werden. Denn seine Ansicht oder gar seine Politik zu ändern, ist ein Eingeständnis der Schwäche. Wenn zum Beispiel Eurasien oder Ostasien (welches es auch sein mag) der Feind von heute ist, dann muß dieses Land schon immer der Feind gewesen sein. Und wenn die Tatsachen anders lauten, dann müssen die Tatsachen eben geändert werden. Auf diese Weise wird die Geschichte dauernd neu geschrieben. Diese Fälschung der Vergangenheit von einem Tag auf den anderen, die vom Wahrheitsministerium durchgeführt wird, ist für den Bestand des Regimes ebenso notwendig wie die von dem Ministerium für Liebe besorgte Unterdrückungs- und Bespitzelungstätigkeit.
Und da die Partei alle Aufzeichnungen vollkommen unter ihrer Kontrolle hat, so wie sie auch die Denkweise ihrer Mitglieder unter ihrer ausschließlichen Kontrolle hat, folgt daraus, daß die Vergangenheit so aussieht, wie die Partei sie darzustellen beliebt. Auch folgt daraus, daß die Vergangenheit, wenn sie auch wandelbar ist, doch nie in einem besonderen Einzelfall abgewandelt wurde. Denn wenn sie in der im Augenblick benötigten Form neu geschaffen worden ist, dann *ist* eben diese neue Version die Vergangenheit, und eine andere Version kann es nie gegeben haben. Das gilt auch dann, wenn ein und dasselbe Ereignis, wie es häufig vorkommt, im Laufe eines Jahres mehrmals nicht wiedererkennbar abgeändert werden muß. Die Partei ist jederzeit im Besitz der wirklichen Wahrheit, und klarerweise kann die Wirklichkeit nie anders ausgesehen haben als jetzt. Man wird sehen, daß die Kontrolle über die Vergangenheit vor allem von der Schulung des Gedächtnisses abhängt. Dafür zu sorgen, daß alle schriftlichen Aufzeichnungen sich mit der Forderung des Augenblicks decken, ist eine lediglich mechanische Handlung. Aber man muß sich auch daran *erinnern,* daß Ereignisse in der gewünschten Form stattfinden. Und wenn es nottut, seine Erinnerun-

gen umzuordnen oder mit schriftlichen Aufzeichnungen willkürlich umzuspringen, dann gilt es zu *vergessen,* daß man das getan hat. Das Verfahren, wie man das macht, ist ebenso erlernbar wie jedes andere Geistestraining. Die Mehrzahl der Parteimitglieder *hat* es gelernt und jedenfalls alle diejenigen, die sowohl klug als auch rechtgläubig sind. Von einem Parteimitglied wird nicht nur verlangt, daß es die richtigen Ansichten, sondern daß es auch die richtigen Instinkte hat. Viele der von ihm geforderten Glaubensbekenntnisse und Einstellungen sind nie deutlich festgelegt worden und könnten nicht festgelegt werden, ohne die dem Engsoz anhaftenden Widersprüche aufzudecken. Wenn er ein von Natur strenggläubiger Mensch ist (in der Neusprache ein *Gutdenker),* dann wird er unter allen Umständen wissen, ohne nachdenken zu müssen, was der richtige Glaube ist oder wie seine Empfindung aussehen soll. Aber auf alle Fälle macht ihn eine sorgfältige Schulung, die er in der Jugend durchgemacht hat und die von den Neusprachwörtern *Verbrecherstop, Schwarzweiß* und *Zwiedenken* umrissen ist, nicht willens und unfähig, zu tiefschürfend über irgendein Thema nachzudenken."

AUFSÄTZE ZUM VERSTÄNDNIS DER PROBLEMATIK

George Orwell — Fürsprecher der Unterdrückten

(Wilhelm Hortmann, Englische Literatur im 20. Jahrhundert, Bern/München 1965, S. 111)

„George Orwells Spanienbericht *Homage to Catalonia* (1938), nach seiner schweren Verwundung im Bürgerkrieg entstanden, zeigt ihn jedoch schon als erbitterten Gegner des Kommunismus. Als solcher wurde er weitesten Kreisen durch seine berühmte Satire *Animal Farm* (1945; dt. Die Farm der Tiere, 1958) bekannt, jener vernichtenden Fabel über die Revolution der Tiere, in der die Schweine ihre Macht über die anderen Tiere mit stalinistischer Heuchelei und Skrupellosigkeit ausbeuten. Die 1949 folgende Utopie *1984* (dt. 1950) erweitert und detailliert die Anklage gegen den Totalitarismus und zeigt die zynische Zerstörung der physischen und geistigen Freiheit in einem totalitären Regime, das auch die sogenannte innere Emigration durch die Gedankenpolizei ahndet. Ebenso wie in seinen Romanen machte sich Orwell auch in vielen Kurzgeschichten und Essays zum Fürsprecher für die von der Gesellschaft oder vom Staat Unterdrückten. Sein Eintreten für Freiheit und Menschenwürde geschieht in einer unbedingten Ehrlichkeit und Geradheit, die sich keine literarische Ornamentik mehr erlaubt. Demzufolge ist auch sein Stil direkt, ein Muster an plastischer Konzentration, und geht, allen Phrasen feind, auf kürzestem Weg seine Ziele an.“

Absolute Voraussetzungen des Kommunismus

(Leszek Kolakowski, Professor der Philosophie in Oxford, Interview Rheinischer Merkur, 28.8.1980)

„Als absolute Voraussetzungen schließt das kommunistische System solche Institutionen ein wie strenge Zensur, vollkommene Zentralisierung aller politischen, wirtschaftlichen und militärischen, also auch polizeilichen Gewalt, ferner totale Kontrolle über alle Sphären des Lebens, Ausschluß der Bürger von jeder Partizipation am politischen Entscheidungsprozeß und so weiter. Wird also Kommunismus als streng totalitäre Macht aufgefaßt, dann ist mehr Freiheit, mehr Teilnahme und weniger Unterdrückung, im Hinblick auf das Regime revolutionär.
Ist es auch richtig, den Kommunismus historisch und ideologisch so zu begreifen, so stellt sich doch heraus, daß er sich nicht durchsetzen kann, wenn er starr und unbeweglich an seinen Prinzipien festhält.
Ich bin sicher, daß der Totalitarismus sein Ende finden wird. Wir sind nur durch die Möglichkeit beunruhigt, daß er in einer Explosion zusammenbricht, welche die gesamte Menschheit gefährdet. Es muß im Interesse der betroffenen Länder wie des Westens liegen, daß sich das System durch interne Erschöpfung ändert, nicht durch eine Katastrophe."

Was ist links?

(Erik von Kuehnelt-Leddihn, Links steht die Intoleranz, Rheinischer Merkur Nr. 36 vom 7. September 1979)

„Wie sieht es nun im ideologischen Bereich der Linken aus? Nun, links ist vor allem der Materialismus: „Der Mensch ist was er ißt" (Feuerbach). Daher handelt der Verbrecher nur unter dem Einfluß „innerer Säfte" (Sade) und eines gesellschaftlichen Drucks, ist also eine willenlose, unschuldige Maschine.

„Alle Menschen sind gleich“, aber „manche sind gleicher als andere“, setzte Orwell ironisch hinzu. Diese elitär „Gleicheren“ haben kollektiv eine messianische Mission, eine Erlöserrolle: das Bürgertum, das Proletariat, nordische Menschen, spezifische Nationen, an deren Wesen die Welt genesen soll. Ihnen gegenüber stehen „Untermenschen“, die den Tieren oder den Degenerierten zugerechnet werden müssen.

Dieses Prinzip der Gleichheit (égalité), gegen das nur verteufelte Minderheiten verstoßen, fördert einen staatlichen Zentralismus, denn was gleich ist, kann man über einen Leisten schlagen. Lokale Autonomien, Rechte und Privilegien werden abgeschafft. In der Theorie wird der Staat nicht verherrlicht, sondern nur Klasse, Volk, Rasse, ja man hofft sogar (naiv oder heuchlerisch) auf sein endgültiges Verschwinden. In der Praxis aber wird der Staat zum Leviathan, denn er hat alles zu verändern und zu kontrollieren.

Das führt zum Totalitarismus und zur Gleichschaltung auf allen Ebenen der menschlichen Existenz. Der absolute Konformismus ist eisernes Gesetz. Jede ideologische, rassische, ethnische, parteiliche Abweichung von der Norm wird gerügt, bestraft oder blutig verfolgt.

Pate steht für diese Haltung die Französische Revolution, die nicht nur die russische Revolution, sondern auch die deutsche Revolution (wie Goebbels rühmend hervorhob) inspiriert hatte. Vom Schlagwort der Freiheit, Gleichheit und Brüderlichkeit des Jahres 1789 blieb allein die Gleichheit übrig. Nur der Fall Robespierres hatte verhindert, daß man alle Franzosen und Französinnen in Uniformen steckte, die Kirchtürme als „undemokratisch“ abtrug und die Elsässer ausrottete, denn sie „bedienten sich nicht der republikanischen Sprache“. Von der Guillotine ging der Weg geradewegs zu den Galgen, Gaskammern, Genickschüssen und Gulags.

Regiert wird im rein-linken Bereich durch Gewalt, die Angst und Schrecken verbreitet, denn nur höchster Druck kann die unnatürlichen Vorstellungen der Linken verwirklichen. Gleichheit und Freiheit widersprechen sich.

Um die weltanschauliche Nämlichkeit herzustellen, darf nur e i n e Partei herrschen, die auch „einstimmig“ gewählt wird. Parteien,

die nicht die „Wahrheit“ vertreten, haben keine moralische Existenzberechtigung.
Nicht nur die Massenmedien, sondern auch das Erziehungswesen stehen ausnahmslos im Dienste des Einparteienstaates. „Staatsfeindliche Elemente“ werden zum höheren Studium nicht zugelassen, da man an ihrer erfolgreichen Indoktrinierung zweifelt.
Der Akzent liegt aber schon deswegen auf der staatlichen Erziehung, weil man im Grunde familienfeindlich eingestellt ist, auch dann, wenn man aus außenpolitischen Machtgründen von hohen Geburtenziffern träumt. Die Familie ist eine „intime“ und exclusive Einheit, die die Mißgunst und den Verdacht des ideologisch profilierten Einparteienstaates herausfordert. Die Kinder sollen den Eltern entfremdet werden; der linke Totalstaat verfolgt jede Loyalität, die nicht ihm gilt.
Dieser linke „Allstaat“ ist natürlich ein Versorgungsstaat, nicht zuletzt auch deswegen, weil seine sozio-politische Struktur die totale Kontrolle der ganzen Bevölkerung materiell und praktisch möglich macht. Alles und alle sollen ausnahmslos vom Staat abhängen — Mussolinis „Alles für den Staat, alles durch den Staat, nichts gegen den Staat.“
Der Einparteienstaat ist nicht nur ideologisch eindeutig festgelegt, sondern er arbeitet auch mit einem konkreten Feindbild. Der Feind ist ein Gruppenfeind, also ein Klassenfeind, Rassenfeind, Nationalfeind: Juden, „Kosmopoliten“, Adelige, Plutokraten, „Pfaffen“, esoterische Künstler, „Intellektuelle“, Zigeuner, aber auch ideologische Dissidenten und andere „Verräter“. Die Bevölkerung wird gegen alle „Schädlinge“ mobilisiert und womöglich in einen Zustand der Massenhysterie versetzt.
Verherrlicht wird ein statistisches Mittelmaß, verdächtigt der außerordentliche Mensch. Natürlich ächtet, assimiliert gewaltsam, exiliert oder ermordet man „Minderheiten“. Das demokratische Prinzip der Mehrheitsherrschaft wird zur äußersten Konsequenz getrieben. Wirkliche Eliten sind unerwünscht, außer man erklärt die Mehrheit zur Elite und verfolgt die Minderheit als „minderwertig“.
Das alles harmoniert mit einem Plebejismus, also mit der Doppelbedeutung des Wortes „Volk“: So kommt es dann zu Volksdemo-

kratien, Volksempfängern, Volkswagen, Volksgerichten, Volksgefängnissen, Volksarmeen, Volkspolizisten, Volkskammern, Volksstürmen und Volkseigenen Betrieben. Selbstverständlich beruft man sich zu Recht oder Unrecht auf die Demokratie („Volksherrschaft“) und verhimmelt den anonymen „Mann aus der Doppelreihe“.
Hand in Hand geht damit ein „Antimonarchismus“, da sich ja der Monarch auf das Vaterprinzip stützt. Die Linke aber hat keine Väter und keine Herrscher, sondern an der Spitze einen Mann, der sich höchst bescheiden „Führer“ (duce, woshdj) nennt. Dieser ist ein Mann, der nicht Vater, sondern höchst antihierarchisch „Genosse“ beziehungsweise „Bruder“ sein will, der dann im Endeffekt Orwells „Big Brother“ wird.
Das hängt auch mit dem antivertikalen Horizontalismus der Linken zusammmen. Der „Führer“ steht nicht für das Land: Er verkörpert das Volk, wobei dieser Terminus wiederum enthnologisch oder soziologisch ausgelegt werden kann. Daß die Tyrannei des „Großen Bruders“ bedeutend beschämender und erniedrigender sein kann als die eines Vaters, liegt wohl auf der Hand.
Damit sind wir beim Sozialismus-Kommunismus angelangt, der als geistig-psychische Folgeerscheinung der Französischen Revolution der heutigen Linken eine spezifische Prägung gegeben hat: Hier ist auch der Sozialmaterialismus mitsamt dem Ökonomismus organisch gut eingebaut. Das Gegenteil des Sozialismus (am besten mit „Gesellschaftswahn“ übersetzt) wäre (schon aus sprachlichen Gründen) nicht der Individualismus, sondern ein „Personalismus“. Jegliche Doktrin, die die Einmaligkeit des einzelnen Menschen in Abrede stellt, steht automatisch links. Natürlich kann sich jeder Sozialismus (es gibt selbstverständlich auch nichtmarxistische) mit anderen Sozialismen synthetisch verbinden: so zum Beispiel ein klassenbetonter Sozialismus mit einem völkischen , ein völkischer mit einem rassischen oder auch ein völkischrassischer mit einem klassenbewußten. Der Grundton bleibt immer die Feststellung: „Du bist ein Niemand — die Kollektivgruppe ist alles.“

Die Dynamik der Linken ist besonders gut entwickelt, wenn der Neid eingesetzt wird und die fremdrassige, fremdvölkische oder elitäre Minderheit dank der Zufälle, historischen Gegebenheiten oder spezifischen Qualitäten eine privilegierte (zumeist materielle) Ausnahmestellung besitzt. Dann kann nicht nur mit außerordentlichen Steuern, brutalen Enteignungen, sondern auch mit Massenexilierungen und im Notfall selbst mit einer Massenausrottung gegen sie vorgegangen werden. Die bitteren Anschuldigungen: „Du dünkst dich besser, du glaubst, du bist gescheiter, du hast mehr als ich und verdienst müheloser", sind linke Grundmotive. Dabei wird das Alibi der „Sozialgerechtigkeit" (lies: Gleichheit und Nämlichkeit) vorgebracht.

Mit Rechtichkeit haben diese Tendenzen nichts zu tun, denn die Linke denkt revolutionär (d. h. rechtslos) und dabei utiliteraristisch. „Recht ist, was dem deutschen Volke nutzt" (Hans Frank). Das ist aber nichts anderes als das Prinzip von Lenins Ruf nach „Parteilichkeit", die alle Gesetzlichkeit relativiert und den sittlichen Charakter der Wahrheit gewollt übersieht. Selbstverständlich wird der Privatbesitz radikal und total abgeschafft. Besitz verschafft Freiheit, und Freiheit ist verdächtig.

Durch viele dieser Säkulardogmen und Charakterzüge wird die Linke im scharfen Gegensatz zu den großen monotheistischen Religionen gebracht, denn diese sehen im Menschen kein immanentes, sondern ein transzendentes Wesen — und kein verstaatlichtes Säugetier. (Mit dieser Immanenz ist auch der tierische Ernst und die Humorlosigkeit der Linken tiefst verbunden.)

Zweifelsohne sind dann Kirchen ein Hindernis für den „Fortschritt", und diese können entweder vernichtet (Albanien) oder als Staatskirchen (Tschechoslowakei, Rumänien) versklavt werden. In einem echtsozialistischen, totalitären Staat ist eine unabhängige Kirche ein „kapitalistisches Überbleibsel", ein Anachronismus, der früher oder später aus der Welt geschafft werden muß. Selbstverständlich verherrlicht die Linke stets ihre die Vergangenheit bewältigende Revolution (oder ihren „Umbruch") als große Tat, was auch mit ihrer Geschichtsfeindlichkeit zu tun hat. Die „Internationale" versprach, mit der Vergangenheit „reinen Tisch" zu

machen. Man hat den Blick chiliastisch auf eine nie zu verwirklichende Utopie gerichtet: Ein „Edenismus" will ein Paradies auf Erden schaffen, das vom Menschen „gemacht" wird. (Alles ist „machbar" für die Linke.) Die Erde ist für sie kein Tal der Tränen, die Erbsünde ein klerikales Hirngespinst, das Glück „aller" kann durch Medizin, Technik, Abbau von „Vorurteilen" und soziale Einrichtungen erzielt werden. Es gibt für sie keine Grenzen der Perfektibilität. Wenn keine Träne mehr fließt, wird auch die Religion mit ihren Bindungen und Tröstungen überflüssig.
Nicht unerwartet hat „links" in allen Sprachen eine negative Bedeutung. Im Italienischen ist das am prägnantesten. „Il sinistro" ist der Unfall, „La sinistra" — die Linke."

Die Gefahren der Diktatur

(Eugène Ionesco, Von der Notwendigkeit, den Materialismus zu überwinden, Rede in St. Gallen, übersetzt von Lore Kornell, Süddeutsche Zeitung Nr. 184 vom 11. August 1979)

„Tatsächlich gibt es keine Ideologie mehr, keine Philosophie, keine Kunst, ja selbst die Wissenschaft ist in den totalitären Ländern der Politik unterworfen, Wissen und Kreation ebenfalls. Wenn wir sagen, es gibt weder Ideologie noch Philosophie, so meinen wir, daß keinerlei freies Denken von der Politik mehr gestattet wird. Jedwede Politik sollte eine Perspektive anvisieren, die über sie hinausgeht. Doch die Religion ist tot, oder sie schläft. Der Marxismus war eine ganzheitliche Doktrin, die mittels politischen Handelns zur Befreiung von Mensch und Geist und in aller Freiheit zur philosophischen oder wissenschaftlichen Erkenntnis führen sowie der Suche nach unserem Endzweck dienlich sein sollte. Aber statt zur erhofften Befreiung ist sie zu fanatischer, stumpfer Bindung geworden, die jede Kritik und jede Infragestellung ablehnt.
Wir wissen sehr wohl, daß die Kader der Ostländer und ihre Führer nicht mehr an den Marxismus glauben. Absoluter Zynismus und ei-

ne starke biologische Vitalität ist alles, was von ihrem revolutionären Glauben übriggeblieben ist und sie in ihrem Kampf um die Weltherrschaft antreibt: um das imperium mundi, gemäß der prophetischen Definition Spenglers. Demnach geht es allein um die Verführung der Macht um der Macht willen. Ganz primitiv! Der Stärkste zu sein, um der Stärkste zu sein, ein grimmiger Kampf, der skrupellos geführt wird, denn Ideologien und moralische Begründungen sind verschwunden, sie sind dem nackten Kampf um die Eroberung des Planeten und seiner materiellen Reichtümer gewichen, sei es in Asien, im Vorderen Orient, in Afrika oder sonstwo. Freilich sprechen die marxistischen Zyniker von einer marxistischen Eschatologie, von einer utopischen Gesellschaft, die sie verwirklichen werden, von der Beherrschung aller Naturkräfte durch den Menschen und davon, daß schließlich die so erreichte Freiheit und Brüderlichkeit in der Welt herrschen werde. Lesen wir die Bücher all der sowjetischen Dissidenten, des Samisdat, wenden wir uns an diejenigen, die noch in ihrer Heimat sind und zu uns reden können, wie Sacharow und viele andere, lesen wir die Bücher jener, die fliehen konnten und hier bei uns sind, und wir werden erfahren, daß die westlichen Gesellschaften ihnen vielleicht mißfallen, daß aber die Gesellschaften, die sie verlassen haben, tausendmal abscheulicher sind. Die Revolutionen sind gescheitert. Ein Buch, ein ungarischer „Samisdat", ist letzthin in Ungarn erschienen. Darin fragt eine ungarische Journalistin dreißig der bedeutendsten ungarischen Schriftsteller, ob sie noch an den Marxismus glauben. *Die Antworten sind einstimmig negativ.* Wir wissen alle, daß es in unseren Ländern soziale Ungerechtigkeiten und Ungleichheiten gibt. Aber bei uns kann man protestieren und Forderungen stellen. Ungleichheiten, Ungerechtigkeiten sowie enorme Privilegien und härteste soziale Hierarchien wuchern in den Ländern, die sich sozialistisch nennen und in denen Opposition, Proteste und Forderungen seit langem verboten sind. Majakowskij und Jessenin, die Dichter, die Künstler der Oktoberrevolution von 1917 haben Selbstmord begangen. Hunderte, Tausende anderer wurden eingesperrt, ermordet oder moralisch vernichtet. Die letzten schweigen oder haben ihr Talent verkauft.

Solschenizyn und seine Freunde sind nicht die einzigen, die die Wahrheit bezeugten und nach Freiheit riefen. Viele andere taten es und mußten mit ihrer persönlichen Freiheit oder ihrem Leben dafür bezahlen.

Es kann kein Leben, kein kulturelles Leben, ohne Metaphysik und Spiritualität geben. Für die Kultur müßten Metaphysik und Spiritualität den Brennpunkt bilden, und wenn auch die Biologen Gott und die Beschäftigung mit den Letzten Dingen abgeschafft haben: die großen Physiker haben sie nicht verleugnet. Und selbst unter den Ärzten und Biologen gibt es Leute wie den großen Jean Bernard, der zu Gott betete, damit er ihm bei seinen Forschungen über die Blutkrankheiten beistehe; das hat er bei einer Rundfunksendung („radioscopie“) Chancel gegenüber gestanden. Louis de Broglie, einer der Begründer der modernen Physik, ist gläubiger Katholik; Einstein war überzeugt, daß eine höhere göttliche Macht die Welt leite. Im Zusammenspiel und in der Entwicklung der kosmischen Kräfte glaubte er, wirke ein göttlicher Plan. Weder Heisenberg noch Plank waren Atheisten. Leprince Ringuet von der Académie Francaise, ein außergewöhnlicher Physiker auch er, ist Christ. Nur die Journalisten, die Literaten, die Ideologen, die Philosophen zehnten Ranges spotten Gottes und meinen, der Glaube an Gott sei eine verwerfliche Schwäche.

Ich betone, daß die Politik, so wie sie betrieben wird, nur ein Zeitvertreib ist, ein dramatischer oder tragischer Zeitvertreib, ein grausamer auch, den man sich leistet, ohne wirklich daran zu glauben. Die Leute stellen sich vor, es sei die einzige Zerstreuung, die uns trotz allem erlaubt, zu leben. In Wirklichkeit stirbt man an der Politik. In Wirklichkeit ist die Politik selbst tot, da, wie wir sagten, die Ideologien und die Philosophien, von denen sie zu stammen vorgibt, tot sind. Ich fasse zusammen, was ich bisher gesagt habe: Wir leben in einem Chaos, mit dem niemand zufrieden ist, in dem subrationale, niedrigste, rein materialistische, in ihrer Verblendung unheilvolle Mächte wirken. Wir sind in einem außer Rand und Band geratenen Räderwerk gefangen.

Wenn Gott nicht existiert, sagt jemand bei Dostojewski, dann ist alles erlaubt. Wir sind jetzt auf der Suche nach den ewigen Verhaltensgrundlagen, die die Politik moralisieren und sogar der Metaphysik zuwenden könnten. Andernfalls gehen wir dem Untergang der Menschheit entgegen, den die französischen Ideologen mit einer Art finsterer Freude oder mit enttäuschtem, unglücklichem Zynismus verkünden. Wenn wir nicht zu unseren Grundlagen zurückfinden, dann droht sehr bald eine Rückentwicklung des Individuums, eine Rückentwicklung der Menschheit. Die Krise ist fundamental. Wir schreiten auf einem gespannten Seil wie Artisten, jeden Augenblick in Gefahr abzustürzen. Worum es geht? Um welches Ziel geht es? Es geht ganz einfach um das Problem des Seins, des Überlebens des menschlichen Wesens in der Welt.

Die Menschheit lebt nur durch die Kultur. Sie ist der Garant der menschlichen Existenz in der Welt.

In seinem Buch „Utopischer Sozialismus“ meint Martin Buber, der Sozialismus hätte den Weg zur Kultur ebnen können. Doch er führte zu einem Zerfall, zu einer Zertrümmerung, wie sie schlimmer weder die kapitalistische noch sonst eine Gesellschaft je hätte bewirken können. Es gibt in der Welt ein Übermaß an Bösem; einer der Aspekte dieses Übermaßes an Bösem, um den Ausdruck Philippe Nemos zu gebrauchen, ist der Staat. Der liberale Staat, der manchmal mild, manchmal schwach war, ist, wie wir wissen, von einem anderen, von einem gewalttätigen, unerhört unduldsamen Staat, abgelöst worden. Die Konzentration der Macht, der ungehemmte, unterjochende Staat, ist der Tod des Menschen. Eine gerechte Ordnung ist ohne Barmherzigkeit und ohne Liebe nicht möglich. Ich weiß, diese beiden Worte sind verfemt, und ich bitte Sie, nicht darüber zu lächeln, daß ich sie ausgesprochen habe. Der Staat ist eine enorme Maschine geworden, die das Individuum zermalmt.

Etwas Schlimmeres — wenn es Schlimmeres geben könnte — ist im Werden: Diese enormen Maschinerien, als die diese monströsen Staaten sich erweisen, prallen aufeinander. Sie werden aneinander zerbrechen. Vielleicht wird sich dann die Humanität und das unumgängliche Gleichgewicht zwischen dem Menschen und der Gesellschaft wiederfinden lassen. Die Staaten bestehen nur weiter durch ein Übermaß an Gewalt, durch blinden Druck; doch die Gewalt, die sie gegeneinander ausüben, ist bereits Zeichen ihrer Zersetzung. Übrigens sind die Utopien, auf die ich hinwies, längst entmystifiziert, das Übel ist diagnostiziert, die aufgeklärten Geister wissen und verkünden es. Doch es braucht noch seine Zeit, bis die offensichtlichen Wahrheiten all jenen Leuten klar werden, die heute noch die Massen, die Mengen bilden. Wir brauchen die Mengen nicht. Der monopolisierende Staat schafft sie. Bald, so hoffen wir, werden diese Mengen jedoch wieder zu vielfältigen Vereinigungen freier Menschen werden, zu immer unterschiedlicheren, immer selbständigeren, immer persönlicheren freien Menschen innerhalb der Einheit ihrer Gesellschaft, *der* Gesellschaft."

Druck aus Angst vor dem eigenen Volk

(Hans Heigert, Die Angst vor dem Volk,
Süddeutsche Zeitung Nr. 242 vom 19.10.1980.)

„Diktatoren und ihre Funktionärskader haben eine schon fast panische Angst, daß ihnen das eigene Volk innerlich und äußerlich davonlaufen könnte. Was also machen sie? Sie greifen in die ältesten Kisten der Unterdrückungswerkzeuge: sie verstärken die Repression, grenzen ab, schließen die Schotten, und machen sich selbst mit allerhand Drohgebärden Mut. Primitive Feindbilder werden aufgebaut, und seien sie noch so abgegriffen, damit dem eigenen Volk „Schuldige" dargeboten werden, notfalls auch einschlägige „Agenten" dingfest gemacht, und aller Welt mit großem Palaver vorgeführt werden können. Was da verfügt wird, ist wirklich die phantasielose Reaktion der Angst. Was macht der Gefängniswärter, wenn ihm die Eingeschlossenen auszubrechen drohen? Er zieht den Stacheldraht noch höher.
Aber Kritik und Zweifel am eigenen System verstärken sich trotzdem, dazu kommen wirtschaftliche Krisen, die den ohnehin kargen Lebenszuschnitt wieder reduzieren und die Hoffnung auf Besserung versickern lassen. Dies alles führt zum Zusammenbruch der sozialistischen Ideologie. „Sozialismus" wird noch befohlen, juristisch verabreicht, von Kreisleitern exekutiert und allüberall rituali-

siert — doch *geglaubt* wird er nicht mehr: weder als System der „Befreiung" noch als Synonym für „Gleichheit" oder „Gerechtigkeit".
Die Verweser der Macht, die ihrerseits längst keine politischen Führer, etwa gar „Arbeiterführer" mehr sind, wissen das. Aber beschränkt, wie ihr innerer und äußerer Spielraum ist, fällt ihnen kein anderer Ausweg aus dem Dilemma ein als eben mehr Druck, mehr Zensur, mehr „Daumen drauf". Jahre extensivster ideologischer Erziehung und Indoktrination haben offenbar nichts genutzt. Dem Volk ist einfach nicht zu trauen... Solche Regime können sich mitunter lange halten, doch sie überleben nicht."

VI. ARBEITSVORSCHLÄGE

Stelle anhand von Textstellen aus Orwells „Farm der Tiere" die Grundprinzipien des „Animalismus" heraus.

Vergleiche diese Grundprinzipien mit denen des Sozialismus und Marxismus — Leninismus.

Vergleiche die Praktiken Napoleons und seiner Parteigänger mit den Praktiken der UdSSR und sozialistischer Ostblockstaaten unserer Zeit.

Welcher gesellschaftliche Hintergrund wird im Text der Orwellschen Fabel „Farm der Tiere" sichtbar?

Welche Intention hat der Verfasser?

Mit welchen sprachlichen Mitteln versucht er, seine Absichten zu erreichen?

Welche Wirkung auf den Leser kann Ihrer Ansicht nach die Lektüre dieses Buches haben?

Schildern und erläutern Sie den Aufstieg Napoleons zum unumschränkten Diktator der Farm der Tiere.

Suchen Sie „Schlüsselwörter“ des Textes heraus und prüfen Sie, welche Begriffe des Sozialismus und Marxismus — Leninismus sich diesen zuordnen lassen.

Können Sie sich mit der Intention Orwells identifizieren? In welchen Punkten sind Sie anderer Ansicht? Begründen Sie Ihre Auffassung.

In der sowjetrussischen „Prawda“ sowie im parteiamtlichen Organ der SED, dem „Neuen Deutschland“ werden als Feinde des Sozialismus genannt: „Einige reaktionäre Kategorien der Bevölkerung“, „staatsfeindliche Elemente, die in hetzerischen Aktionen begriffen sind“, „westliche Provokateure, die den Prozeß der Normalisierung und Stabilisierung gefährden“, „Kapitalisten und Imperialisten“ usw. Welche Gestalten und Vorgänge in Orwells „Farm der Tiere“ entsprechen diesen Bezeichnungen?

Macht führt den Menschen oft zum Hochmut. Zeigen Sie am Beispiel Napoleons in Orwells „Farm der Tiere“ auf, inwiefern dieser Satz Gültigkeit hat.

„Power tends to corrupt; absolute power corrupts absolutely.“ Stimmen Sie diesem Satz Orwells zu?

„Der größte Feind des Rechtes ist das Vorrecht.“ Deuten Sie dieses Wort Marie von Ebner — Eschenbachs in Bezug auf das Verhalten der Schweine in Orwells Fabel „Farm der Tiere.“

Der Dichter als Ankläger seiner Zeit: Stellen Sie die Fabel Orwells in den Mittelpunkt Ihrer Betrachtungen und geben Sie Beispiele.

Die Geschichte unseres Jahrhunderts bietet erschreckende Beispiele der Mißachtung der Menschenwürde und Verletzung der Menschenrechte. Auf welche politischen und weltanschaulichen Gründe ist dies Ihrer Meinung nach zurückzuführen und wie läßt sich dem entgegenwirken?

„Der Klassenkampf ist nicht der Weg, der zur sozialen Ordnung führt, weil er das Risiko in sich trägt, die Benachteiligten zu Privilegierten zu erheben und weil er so neue ungerechte Situationen für

die schafft, die bis jetzt die Vorteile auf ihrer Seite hatten. Man baut nichts durch Haß und Vernichtung der anderen auf!“
Beziehen Sie dieses Wort, das Papst Johannes Paul II. an die Arbeiter in Sao Paulo richtete, auf die Geschehnisse in Orwells „Farm der Tiere“ und die sozialistische Ideologie.

Beziehen Sie Lenins „Wer nicht arbeitet, der soll auch nicht essen“ auf das Problem der Arbeit und die „freiwilligen“ Leistungssteigerungen in Orwells „Farm der Tiere“.

„Wir wollen keine Verstaatlichung des Menschen, sondern eine Vermenschlichung des Staates.“ Stimmen Sie diesem Wort Pestalozzis zu? Suchen Sie Bezugspunkte zu Orwells „Farm der Tiere“.

Inwiefern benötigt eine Diktatur Typen wie Schneeball und Quiekschnauz?
Welche Rolle spielt die Propaganda in totalitär geleiteten Staaten? Geben Sie Beispiele aus dem Hitler-Reich, der DDR und der UdSSR sowie aus Orwells Fabel „Farm der Tiere“.

Sehen Sie Orwells Fabel „Farm der Tiere“ als eine zeitgemäße Lektüre an? Wenn ja, warum? Begründen Sie Ihre Ansicht.

LITERATURHINWEISE

Literaturhinweise finden sich im Abschnitt V (Materialien) unter den Überschriften der einzelnen Kapitel.

Deutschsprachige Sekundärliteratur:

Hans Ulrich Lindken, Erläuterungen zu George Orwells „Neunzehnhundertvierundachtzig“, Königs Erl. Band 108, Hollfeld 1979. C. Bange Verlag

Reiner Poppe: George Orwell, Animal Farm — 1984 — und Aldous Huxley, Brave New World. Vision und Wirklichkeit in der literarischen Utopie.
Aspekte und Ansätze einer Unterrichtssequenz in vergleichender Betrachtung mit „The Iron Heel“ (Jack London) und „Lord of the Flies“ (William Golding) AR 40, J. Beyer Verlag, Hollfeld 1980.

Kürzere Betrachtungen seiner Werke sind in einigen Gesamtdarstellungen der englischen Literatur und englischer Romane enthalten.

Englische Sekundärliteratur:

John Atkins, George Orwell (Calder), o. J.

Lawrence Brander, George Orwell, Longmans, London o.J.

Christopher Hollis, A Study of George Orwell. The Man and his Works. London 1956

T. Hopkinson, George Orwell, Writers and their Works Series No.39, published by the British Council, London o.J.

B.T. Oxley, George Orwell, London 1967

R. Williams, Orwell: A Collection of Critical Essays, 20th Century Views, Prentice-H. 1975

George Woodcock, The Crystal Spirit. A Study of George Orwell, London 1967

Preiswerte Textausgaben:

George Orwell, Farm der Tiere, Diogenes Verlag Zürich, Diogenes Taschenbuch (detebe) Nr. 63/I, Zürich 1974

George Orwell, Neunzehnhundertvierundachtzig, Verlag Ullstein, Frankfurt a.M. 1976, Ullstein Buch Nr. 3253

Die Zitate des vorliegenden Erläuterungsbandes beziehen sich auf diese Textausgaben.